나뭇잎 사이로
보이는 별

나뭇잎 사이로 보이는 별

초판 1쇄 발행 2026년 2월 24일

지은이 김동춘
펴낸이 장길수
펴낸곳 지식과감성#
출판등록 제2012-000081호

교정 정은솔
디자인 김희영, 이호진
편집 김희영
검수 주경민, 이현
마케팅 김윤길

주소 서울시 금천구 벚꽃로298 대륭포스트타워6차 1212호
전화 070-4651-3730~4
팩스 070-4325-7006
이메일 ksbookup@naver.com
홈페이지 www.knsbookup.com

ISBN 979-11-392-3088-8(03810)
값 16,700원

지식과감성#
홈페이지 바로가기

나뭇잎 사이로 보이는 별

김동춘 지음

지식과감성#

머리말

숨조차 제대로 쉴 수 없던 고통의 날들 속에서, 단 한 걸음도 나아갈 수 없던 절망의 순간에 저는 상황을 있는 그대로 마주할 용기를 냈습니다. 이 글은 공황장애라는 시련을 겪으며 시작된 마음의 기록입니다.

처음에는 두 시간도 채 앉아 있기 힘든 단련되지 않은 몸이었습니다. 글쓰기에 대한 몰입은 온몸에 근육통을 안겨주어 한 달가량 누워서 글을 써야만 했지요. 하지만 그 고통 속에서도 저는 포기하지 않았고, 공황장애라는 더 큰 풍랑이 닥쳤을 때 오히려 마음이라는 복주머니 속 감정들을 꺼내어 연기자가 연기를 하듯 혼신을 다해 펼쳐냈습니다. 솔직한 감성에 몰입하며 내 안의 것을 들여다보고 배우는 기쁨이 고됨보다 훨씬 컸고, 그 결과 수필집을 낼 수 있었습니다.

그렇게 한 편, 한 편 써 내려가자 놀라운 변화가 시작되었습니다. 단단하게 뭉쳐있던 마음속 응어리가 눈 녹듯 사라지고, 그 자리를 사랑이 담긴 글들이 채워져 갔습니다. 글쓰기는 처음엔 힘겨웠지만, 시간이 지날수록 향기처럼 번지는 기쁨으로 변해갔습니다. 분노로 뜨거웠던 제 안의 마그마가 차분하게 식어버린 것입니다. 글은 저에게 단순한 취미가 아니라, 몸과 삶을 회복시키는 치유 그 자체였습니다.

실패와 좌절의 쓴맛을 기쁨으로 바꾸는 용기를 내는 것은 온전히 저의 몫이었습니다. 내면의 결핍이라는 울타리에 갇혀 있을 것인지, 아니

✦

면 그 울타리를 벗어나 새로운 길을 걸을 것인지, 그 모든 선택이 저에게 달려 있었지요. 그 선택이 슬픔을 기쁨으로 바꾸는 역전의 기적을 일으켰습니다.

마침내 마음속 믿음과 긍정의 에너지가 기적처럼 발현되었습니다. 아쉬움과 욕심을 내려놓으니 비로소 세상이 보였고, 진실로 내 마음속에 있는 모든 것, 즉 희로애락(喜怒哀樂)이야말로 복주머니라는 것을 깨닫고 인정하게 되었습니다. 그 노여움마저도 만족으로 승화시켰을 때 얻어진 기쁨과 감사와, 그리고 빛을 잃지 않고 내 복주머니 속에 있어준 그 모든 감정들이 한량없이 고맙습니다.

저는 스스로를 작가라 칭하기보다, 어디에 가치를 두고 살아갈 것인지 고민하는 진실한 삶을 사는 한 사람으로 남고 싶습니다. 글쓰기를 통해 내면을 아름다움으로 채워나가며, 늘 배움의 자세로 지적을 겸허히 받아들이고 겸손과 자신감으로 앞으로도 글을 써나가겠습니다.

이 모든 기쁨과 감사를 저의 하나님께 바칩니다. 이 글을 읽는 모든 이에게 기쁨이 가득하기를 기원하며, 내면의 결핍이라는 울타리를 벗어나는 용기로 작은 나뭇잎 한 장에도 감사하는 낭만 가득한 삶을 살아가시기를 소망합니다.

차례

바다의 무지개 그림

새로운 꿈을 찾아 연필로 집과 새를 그렸다. 마음처럼 안 돼 그림은 잠깐 뒤로 밀어놓고 좌절감을 당장 달래고 싶었다. 그래서 나는 '찰흙 공작 만들기 대회'에서 상을 받는 걸로 위안받기로 작정했다. 내 경쟁 상대는 그림을 잘 그리시는 담임 선생님이셨다. 내 패널에 사람 모형 하나 꼭 세워야 하겠는데 찰흙이 모자라 만들 수 없자, 선생님 패널의 모형 하나를 똑 떼어다 내 작품에 세웠다. '됐어! 좋아.' 원했던 대로 입상해서 단상에 올랐다. 상을 받고 돌아서서 인사를 했지만 별 흥미나 기쁨을 느끼지 못했다. 결국 상이라는 성취보다 하고 싶었던 것이 더 중요했다. 그건 허물어진 내 첫 꿈인 연극인에 대한 아쉬움이 컸기 때문이다.

학교 수업 연극 무대에서 화려한 친구들의 의상과 달리 내 평상복 차림의 엑스트라는 섭섭했다. 의상 하나 제대로 마련하지 못하는 가난과, 공부를 아주 잘했더라면 더 좋은 역을 맡지 않았을까 하는 생각이 내 마음을 서운하게 했다. 그래도 무대에 오른 것만으로 고마웠다. 작은 시골에서 연극을 배운다는 건 언감생심이었다. 연극 대신 그림이나 무용 같은 데 관심을 가졌다. 무용은 운동회 시범으로 운동장 단상에 서기도 했다. 그 모든 것이 돈으로 연결되었다. 꿈은 잃었지만, 적어도 공부만 하겠다면 어려운 살림에도 부모님은 어떻게든 나만큼은 뒷바라지를 해줄 수 있었다. 하지만 엄마, 아버지 고생하는 게 싫어서 빨리 커 서울 가서 내가 벌어서 하고 싶은 것 하며 살 거라고 어린 초등생은 생각했다.

미술은 좋으면서도 제일 싫었다. 크레파스! 물감! 옆 친구 것을 빌려 쓰면서 가져온 척 대충 넘어가는 일이 잦았다. 더는 눈가림을 할 수 없게 되자, 엄마에게 스케치북과 물감을 사 달라고 떼를 썼다. 돈이라는 걸 구경하기가 어렵던 시절이라 없는 걸 뻔히 알면서 싸리담 밖에 서서 안 사주면 학교 안 간다고 신발코로 애꿎은 땅을 파며 끙끙거렸다. 사랑받는 만큼 협박을 했다. 어쩔 수 없었던 엄마는 아랫집 가서 종이돈을 빌려다 주었다.

미안해도 좋아하며 손에 꼭 쥐고 길을 나섰다. 해님도 방긋 웃고 풀 나무들도 방긋방긋거렸다. 등굣길에 종종 시냇물이 놀자고 해서 놀았다. 다리 근처도 가지 않았는데 벌써 시냇물이 졸졸 큰 소리로 불러댔다. “놀자, 나무배 태워줄게.” “알았어.” 신이 나서 다리에 올라 고개를 들어 해님을 보았다. 부드럽고 상큼한 아침 햇살을 엄마 치마폭인 양 칭칭 감고 나무다리에 턱을 괴고 엎드려 강물을 바라보았다. 물을 응시하면 강물은 나무다리 배에 나를 태우고 끝없이 흘러갔다. “강물아, 바다로 데려다줘.” “졸졸.” 대답했다. 나는 무지개를 찾아 흘러갔다. 열심히 가던 강물은 배와 나를 휙 뒤로 밀어젖혀 제자리로 갖다 놨다. 한 번도 바다까지 못 갔다. 그렇게 무지개를 만나러 여행을 떠났지만 내가 눈을 깜박하면 언제나 내 꿈은 제자리였다. “야! 바다까지 데려다준다고 했잖아! 뭐야!” 화가 나 일어섰다. 강물이 얄미웠다. 잃어버리지 않으려고 꼭 쥐고 있던 종이돈 때문에 손에 땀이 차 있었다. 에이 휙! 물 위로 던졌다. 물, 너 때문에 손에 땀만 나지 않았냐고 물을 한 대 때린 셈이었다. 아, 내 돈. 놀란 종이돈은 왜 꿈을 버리냐고 원망하듯 난파선처럼 물 위에서 끄덕거렸다. 왜 잡지 않냐고, 야속하다는 듯 애처로운 눈빛으로 물끄러미 나를 쳐다보며 떠내려갔다. 달려가 물속으로 뛰어들까? 그렇게까지 하고 싶지 않았다. 옷도 적시기 싫고 화도 풀렸다. 무지개를 버린 듯 망연히 내려다보았지만 “돈아 미안해, 아주 버린 건 아니니까 먼저 가서 나 대신 꿈을 찾길 바랄게. 기다려줘.” 새 꿈이 결정된 건 아무것도 없었다. 다만 나도 꽃을 피우고 싶었다.

얄미운 강물, 학교 가는 나를 그렇게 불러 바다까지 데려다준다고 대답하고선 번번이 공갈을 쳤다. 어떤 날은 끝까지 무지개를 찾으러 가겠다고 강물하고 실랑이를 벌이며 고집을 피웠다. 그런 나를 해님이 어깨를 톡톡 다독이며 “이제 학교 가야지.” 했다. “싫어, 바다에 가야 해.” “빨리 일어나 학교 가라.” “아이 참!” 할 수 없이 일어났지만 “지각이라도 좋아.” 그런 건 상관없었다. 내게는 무지개가 더 중요했다. 그렇게 바다로 가겠다고 애를 쓰고 있을 때면 언제나 해님은 말리곤 했다. 그 날은 돈을 물에 던지고 망설임을 멈추자, 해님이 내 몸을 감싸주었다. 위로가 되었다.

해님하고 손잡고 타박타박 교실에 도착하니 언제나처럼 친구들은 일제히 책상에 고개를 숙이고 무엇인가 조용히 보고 있었다. 선생님이 안 계시는 걸 보니 자습 시간 같았다. 지각이라 해도 동화 속 나라에 온 듯 황홀한 생각이 들었다. 황홀한 지각! 또 다른 희망으로 가득했다. 미술 시간이 걱정도 안 되었다. 그림을 그리러 바다로 간 엄마가 아랫집 가서 빌려다 준 꿈! 그 꿈은 그렇게 외롭게 혼자 무지개를 찾아 떠났었다. 언제나 나는 슬픈 술래였고 꿈은 숨바꼭질을 했다. 친한 해님은 바다 위에 무지개를 그리고 있었다. 그 무지개는 언제나 꿈을 찾는 술래였던 나의 희망이었다. 술래의 꿈.

오목골 감자들의 놀이터

유년의 산천은 모두 그 자리에 있는 듯한데, 어른이 되어 찾은 고향은 너무도 변한 모습이다. 그 넓고 높았던 들판과 산들이 내 눈높이에 맞춰 낮게만 느껴진다. 동쪽에서 밝은 해가 올라오면 동네 꼬마들은 모여서 이리저리 돌아다녔다. 그렇게 놀다가 어른들이 농사를 짓고 감자를 추수한 것을 용케도 알고 호미와 바구니를 들고 갔다. 흙 속의 보물을 캐 주우며 아이들은 좋아했다. 돌이켜 보면 아련하면서도 가슴 따뜻했던 놀이였다.

감자밭은 곧 우리들의 놀이터였고, 밭에 남은 감자 이삭을 줍는 것이 재미있었다. 어린 우리는 참새 떼처럼 몰려다니며 짹짹거렸다. 학교 교실 안의 다정한 아이들은 둥근 감자를 닮았고, 호미에 패인 자국처럼 하얀 이를 드러내며 조잘조잘 웃었다. 운동장에도 크고 작은 감자들이 데굴데굴 구르며 뛰놀았다.

거의 모든 가구가 감자 농사를 짓는 터라 때로는 감자에 물려 먹기 싫을 때도 있었지만, 이삭을 줍는 것은 먹기 싫은 것과는 별개였다. 우리에게는 복 받은 놀이였다. 감자 하나를 캐고 주울 때면 마치 조금 더 부자가 된 기분이 들었다. 그 알콩달콩한 기분을 누가 알까. 요즘 마트의 '원 플러스 원!' 행사보다 비교할 수 없는 훨씬 큰 기쁨이었다. 온통 감자밭이라 사람들은 우리를 보고 감자 바위라 불렀다. 듣기 싫을 때도 있었지만 우리는 작은 감자 하나에도 뿌듯한 설렘을 느꼈다. 호미로든 손으로든 밭고랑을 파면 누르스름한 얼굴 몇 개가 흙 속에서 빼꼼 보일 때면 날개가 돋는 듯 기뻤다. 이 나이가 되어서도 고향에 가면 곧장 텃밭으로 가 추위도 잊고 쪼그리고 앉아 콩 이삭을 줍는다. 두세 시간 그렇게 있어도 몸이 아프지 않고 흐뭇함이 밀려오는 건 아마도 덤을 얻는 기분 탓일까? 아니면 오랫동안 떨어져 있던 옛 고향 땅 그 시절의 그리움 때문일까.

감자꽃이 피고 감자를 캐 올릴 때면 꼬마 감자, 큰 감자가 주렁주렁 맺힌 모습이 든든했다. 마치 동화 나라 금은보화 같았다. 동그란 아이들 얼굴이 강아지처럼 예쁘다. 힘차게 흙을 박차고 하늘을 날아갈 정도는 아니었지만, 어린 독수리처럼 생기가 넘쳤다. 흙 속에서 오글오글 뭉쳐 있던 감자를 닮은 아이들은 여기저기 모여 신나게 놀다가도, 때로는 마음이 모나 티격태격 싸우기도 했다. 하지만 결국 다시 감자처럼 둥글게 뭉쳐 하나가 되었다. 감자 이삭 주울 때는 모두가 착했다. 감자 자체가 사람들 마음을 동글동글하게 만드는 지원군 천사 같았다. 그래서 오목골 사람들은 감자알처럼 여리고 순박했다. 여전히 착한 감자꽃이 피고 풀 냄새가 나고 사랑스러운 동네다. 마음을 들썩이게 하는 봄이 오면 아이들은 풀피리를 불며, 감자꽃을 피우고 여름이 되면 감자 이삭줍기 놀이를 했다. 그러다 저물 무렵, 아름다운 노을처럼 우리 마음도 빨갛게 물들어 집으로 들어갔다. 그리고 마음의 밭에 소중한 씨를 가득 심고 달콤한 꿈을 꾸며 잠들었다.

오목골 아이들과 감자밭 놀이터가 생생하게 떠오른다. 못나기도 하고 웃기도 울기도 화내기도 하던 모습이 꼭 감자 생김새처럼 아이들도 그랬다. 놀이터였던 감자밭과 산딸기, 머루, 다래를 따 먹던 산은 지금도 그 자리에 있다. 옛날에는 우뚝 서 있는 듯 웅장했지만, 지금은 세월의 무게를 아는 듯 겸손하게 웅크린 모습으로 작아 보인다. 여덟 집밖에 안 되는 우리 동네에 감자 삶는 냄새가 폴폴 나고 굴뚝에 연기가 피어오르면, 비로소 긴 하루가 저물어 갔다.

감자 이삭 줍는 날은 오목골 아이들의 특별 축제였다. 축제가 끝나고 나면 마치 무슨 큰일을 해낸 듯 뿌듯했다. 집 마당에 들어서면 지지배배 우는 제비가 반겨주었다. 그 밭에서 함께 놀던 그때 그 작은 감자들이 생각난다. 부엌에서 엄마가 달그닥거리는 소리와 함께 먼동이 트고, 참새들의 짹짹거리는 노랫소리에 장단 맞추어 학교를 갔다. 그리고 다시 방과 후면 풀피리를 불며 감자밭 길을 걸었다. 감자밭 길에 앉아서도 불었다. 엄마는 풀피리를 부는 나에게 풀피리 소리에 뱀이 온다고 했다. 하지만 나는 그렇게 생각하지 않았다. 물론 뱀이 지나가기도 했지만, 그 풀피리 소리에 감자꽃이 활짝 피어 감자알도 더 잘 커지지 않았을까. 지상낙원이 따로 없었다. 하얀 이를 드러내며 재잘대던 동네 아이들, 동글동글 굴러 다 어디로 갔을까? 어른이 된 지금의 몸이 작아지면 고향 감자밭 놀이터에서 다시 모여 놀 수 있을까. 내 마음속에 그 감자들이 하얗게 활짝 웃으며 향수를 이야기한다.

모두 모두 보고 싶다!

국화빵 굽던 날

유년의 어느 날, 엄마가 국화빵을 구울 거라고 했다. 그 말에 나는 온종일 마음이 들떠 있었다. 드디어 엄마가 일찍 밭에서 돌아오셨다. 부엌문 앞에 화롯불을 놓고 까만 국화빵 판을 올려놓으셨다. 예쁜 그 판을 보자 진짜로 실감이 났다. 엄마, 남동생 둘, 셋이서 화로 옆에 둘러앉은 모습은 더할 나위 없이 아름답고 평화로웠다.

엄마 옆에 쪼그리고 앉아 엉덩이를 쿵덕거리는 동생들, 빨리 국화빵이 먹고 싶어서인지 아니면 좋아서인지 연신 쿵덕쿵덕했다.

모처럼 주어진 오붓하고 여유로운 한때가 너무 좋아서, 나는 마당 옆 고추밭 길을 까치발을 하고 겅중거리며 뛰었다. 그런데 아직 환하게 밝은 서쪽 하늘을 보니 이 시간이 영원히 멈춰주었으면 했다. 세상을 다 얻은 듯 행복했지만, 동시에 불안감이 밀려왔다. 아직 떨어지지 않은 해를 바라보며 간절히 부탁했다. "해야, 넘어가지 마." 해가 지면 이 행복한 그림이 사라질까 봐 두려웠다. 바람이 여기저기 고자질해 누군가 시기하거나 질투해서 우리 행복을 빼앗아 갈까 봐 걱정이 되었다. 그래서 싸리문 밖으로 고소한 냄새가 빠져나가지 말고, 다만 하늘로만 올라가기를 바랐다.

그윽했던 그날, 국화빵 굽던 정경은 아직도 깊은 여운으로 전해진다. 한가로운 그날이 내 가슴에 깊이 각인된 것은, 엄마가 늘 바빠서 함께 있는 시간이 부족해서 그리웠기 때문이다. 엄마는 농사일이 끝나도 늘 일거리를 찾아다니셨다. 그래서 나는 가족을 기다려야 했고, 동화 속 《엄마 찾아 삼만 리》처럼 시내 이모네로 찾아다니기도 했다. 그곳에서 엄마를 못 만나면 이모네 집이나 친구네 집에서 놀다 밤늦게 돌아오곤 했다. 그래서 엄마는 특단의 조치로 깜깜한 밤에 다니면 산에서 호랑이가 내려온다고 했는데, 호랑이보다 귀신이 나타날까 더 무서웠다.

초등학생인 나는 늘 혼자 청소 놀이를 하고 나서 마당에 가마니를 깔고 기다림 대신 잤다. 두 남동생은 성이 같아 바늘 가면 실 가듯 꼭 붙어 다녀 나는 심심했다. 동생들을 돌봐야 한다고 생각했는데, 돌볼 시간을 주지 않아 한편으로는 편하기도 했다. 하지만 혼자가 싫어 나도 여동생이 갖고 싶었다. 언니는 서울로 가고, 오빠는 늦게 들어오거나 엄마, 아버지와 함께 밭에서 돌아오기 일쑤였다.

어느 날 오후였다. 혼자 있다가 두 동생이 나타나자 너무 반가운 나머지 "야, 이것들이!" 하며 동생들을 향해 달려가는데, 둘 다 나를 피해

뒷산으로 도망쳤다. 작은 소나무 위로 형이 올라가니 막내도 따라 올라갔다. 여섯 살쯤 되는 아이가 올라가 봤자지만 그래도 맨 밑 나뭇가지에 걸터앉아 있었다. 좀 우습기는 했지만 놀려주려고 다리를 살짝 몇 번 당겼을 뿐인데 동생은 어른이 되어서 그때 무서웠다고 이야기했다. 지금 생각하면 웃음이 빵 터진다.

가장 기다리던 엄마도 아버지도 먹고사는 일이 바쁘니 온 식구가 함께 둘러앉아 있는 시간은 흔치 않았다. 가끔 밥상에 둘러앉아 내가 웃음을 자아내는 일이 고작이었다. 그러니 해가 져 오늘이 가고 나면 언제 또 올지 모르는 행복을 놓치고 싶지 않았다. 풍선처럼 부풀었던 마음으로 고추밭 길을 겅중거리다 멈춰 서서 해에게 간절히 부탁하던 기도가 또 있었을까 싶다.

식구들끼리도 한데 모이는 시간은 아침, 저녁뿐이었다. 밥상에 모여 앉은 잠깐 동안의 웃음을 뒤로하고 모두가 뿔뿔이 흩어졌다. 해 질 녘이 되어야 하나둘 들어왔다. 자라면서 한가로움이 없어졌다. 잠들기 바쁘고, 나가기 바빴다. 어느 날은 혼자 엄마를 기다리고 있는데 "엄마야?" 하며 일어나 문을 열고 고개를 내밀었다. 그런데 비가 엄마 발소리를 내는 거였다. 팍 속았다.

어려서부터 나는 아무도 모르게 심한 외로움과 우울을 앓았다. 그것이 우울증이었다는 것을 어른이 되어서야 깨달았다. 내 꿈에 대한 문제로 참 힘들었는데 아무도 내 마음을 묻지 않는 것에 더 속상했다. 모든 문제가 가난 때문에 해결될 수 없다는 그릇된 생각에 사로잡히기도 했다.

지금껏 잊히지 않고 기억되어, 내 마음에 노란 국화꽃이 피게 했던 국화빵. 그날의 행복 지수는 오늘도 내 가슴 깊은 곳에 환하게 고여 있다. 가슴이 뛴다.

음악

문우님의 등단 축하 점심 식사 자리였다. 별실에서의 식사를 마치고 기분이 고조되자, 우리는 작은 소동을 벌였다. 홀에는 한 테이블 손님만 남아 있었고, 주인의 허락을 받아 음악에 조예가 깊은 분께 즉석 노래를 청했다. 먼저 한 분이 가곡을 불렀다. 밖에서는 "잘한다!"라는 외침까지 들렸다. 다음 선생님은 아리아 한 대목을 부르셨다. 꽤나 긴 곡이었고 목소리는 우렁차 실내가 꽉 찬 콘서트장 같았다. 몰입한 몸짓, 손짓을 보며 우리 모두 감정에 이입되었다.

멋졌다! 오페라하우스에 비싼 돈을 내고 가야 들을 수 있는 것을 공짜로 듣게 되었다. 선생님께 노래를 청했을 때 "이런 데서 부르면 신고가 들어갈 것"이라고 난색을 표하셨지만, 우리의 요청을 끝내 거절하지 못하셨다. 다시 홀에서는 작은 함성과 박수 소리가 들렸다. 룸 밖을 살폈을 때, 한 노신사가 다가오다 나와 눈이 마주치자 환한 얼굴로 박수를 보냈다.

그러나 감동은 잠시, 식당에 두 손님이 들어왔을 때 상황이 바뀌었다. 그들은 직원들에게 항의했고, 직원들은 불편한 얼굴로 자꾸 룸 앞을 서성였다. 잠시 후엔 젊은 여자 손님 한 명이 직접 와서 조용한 목소리로 불평을 늘어놓고 가기까지 했다. 8분가량 이어진 곡은 항의 속에서도 끝까지 마쳤다.

주인이 "성악을 전공하셨나 봐요?"라고 물었지만, 그것은 칭찬 반, 난감함 반이 섞인 복잡한 말투였다. 홀에 있던 손님들은 끝까지 듣고 우리 일행과 아무 말 없이 식당을 빠져나왔다.

성악 선생님은 "오페라하우스에서나 불러야지, 이런 곳에서 부른 내가 잘못"이라며 자책하셨다. 하지만 예외도 있을 수 있는 것 아닌가? 싶었다. 나는 생각했다. 호불호를 떠나 잠깐의 관용을 베풀어 줄 수 있는 여유는 없을까. 흔치 않은 경험인데, 우리는 왜 이렇게까지 삭막하게 살아야 할까. 우리 조상은 소리와 흥에 능한 민족인데, 소리를 싫어한다는 것은 소리 감성의 촉수가 메마른 탓이 아닐까. 장소의 적절성은 논외로 하더라도, 비싼 입장료 내고 오페라하우스를 찾는 것이 쉬운 일도 아닌데 말이다. 어쩌면 이것은 '듣는 것에 대한 무지'가 아닐까. 마음만 조금 열면, 그 시간을 즐거운 살가움으로 만들 수도 있었을 텐데, 우리는 기어이 서릿발이 교차하는 시간을 만들어냈다.

음악에 인색한 감성은 아닌지, 트로트든 힙합이든 오페라든, 자신의 제한된 울타리를 뛰어넘지 못하는 무지는 아닌지 돌아본다. 물론 싫은 것을 억지로 듣는 것은 폭력이지만, 익숙하지 않다는 이유로 편견과 선입견을 갖는 것 역시 폭력이다. 나 또한 예전에는 썩 당기지 않는 장르가 있었다. 하지만 다양한 것을 듣다 보면 결국 좋아하게 될 수도 있다. 그것이 삶의 키포인트다. 좋은 것만 고집하다 보면 편견이 되어 결국 내 약점이 되고 말 때도 있다. 다양하고 폭넓은 경험으로 삶의 깊이와 폭을 넓히는 것이야말로 진정한 품격이 아닐까. 새로운 것을 접하고 배울 때 생기는 쫄깃한 맛을 알기 위해 힘써야겠다. 도전한다는 것, 심쿵하지 않은가!

자연에도 음악과 춤이 있다고 믿는다. 바람과 별, 새들의 소리, 나무와 꽃의 움직임이 바로 춤이고 음악이다. 음악은 무미건조한 삶의 질을 높이는 기쁨이요, 거룩한 아름다움이 아닐까. 가락이 주는 위안과 희락은 삶에 얼마나 윤기를 더해주는가. 내 감정, 중심적인 지식만 고집한다면 품위를 잃는 일이다. 자기만의 울타리를 치는 것은 배려와 사랑이 결핍된 독선이자 폭력일 수 있다. 혹시 나도 타인의 감동을 엉망으로 만든 순간은 없었는지 성찰해 본다.

유년 시절, 내가 하고 싶은 것만 고집했던 것이 얼마나 큰 손해였고 낭비였는지 이제야 안다. 싫은 것도 배워두는 것이 공부였고 유익이었다. 타성에 젖어 쌓여가는 것은 손실이다. 인생은 확장이다! 그래서 우리는 발버둥 치는 것 아닌가. 그러니 변화를 시도하자. 조금 내 감정과 다르다 해도 배려로 기꺼이 참아준다면 우리 모두 최고의 인간다운 모습이 되지 않을까?

내가 문학 공부를 시작했지만, 한때 다른 문학 장르를 무시했다. 부끄러운 일이었고, 그만큼 언어의 폭을 놓쳤다. 한 장르의 명장이라 해도 다른 예술을 이해하지 못한다면 까칠한 예술인에 불과하지 않을까. 우리는 세상이라는 하얀 도화지에 종합예술이라는 인생을 그리며 살고 있다. 다양한 문화를 존중하듯, 다른 분야를 이해하고 나와 다른 개성을 이해하고 싶다. 우리 수필 반은 개성을 지닌 종합예술 반 같다. 하나하나의 길쭉길쭉한 수직 바위들이 저마다 솟아 있는 듯 보였지만, 부드럽고 조화를 잘 이루고 있어 생각할수록 멋지다.

그래서 나는 심장이 촉촉하게 마구 뛴다. 오, 음악! 한번 들어보실래요?

여름 친구들

웃지 마, 너무 사랑스러우니까!

내 안에 있는 너를 보듯 꽃을 봅니다. 이것도 집착은 아닐까 하는 의문을 가져봅니다. 꽃은 누구에게나 웃고 있지요. 그래서 예쁘긴 합니다.

꽃을 보고 꽃을 좋아하는 건지 꽃이 나를 불러들여서 좋아하는 건지 이들과 교감하는 순간은 감정의 상태가 더 섬세해지고 물처럼 부드러워집니다. 맑아집니다.

그렇듯 내 마음의 정원은 공원 벤치, 강가, 동네 공터, 놀이터, 그네, 나무 그늘입니다. 그곳에서 글을 씁니다. 하늘과 땅의 숨소리까지 고스란히 담고 있습니다. 생각과 감정을 아름답게 차곡차곡 쌓으며 글을 가꾸어 주는 자연이 서재입니다. 내 안의 나와 우주를 만나는 시간이 기쁨입니다. 삶에서 부딪히며 생긴 공허감, 외로움, 지침, 때로는 가난과 동정과 내 연민에서 벗어나는 가장 좋은 안식처가 됩니다.

살랑살랑 나뭇잎 사이로 햇살이 내리는 오후. 바람의 속삭임이 들려왔습니다. "안녕, 친구. 오늘은 어떤 걱정을 짊어지고 왔냐?" 바람의 손길이 닿는 곳마다 간지럼을 타듯 꽃들도 수줍게 고개를 흔들었습니다. 나는 조용히 내 마음속 이야기를 털어놓았지요. 바람은 내 이야기를 잠자코 들어주었죠. 나를 휘감으며 공감의 한숨을 휘익 쉬었고, 때로는 내 뺨을 시원하게 쓰다듬고 내 눈물을 닦아주며 위로의 손길을 건넸습니다.

"걱정 마, 두려워하지 마."

바람이 속삭였습니다.

"세상의 모든 것은 때가 있기 마련이지. 너의 슬픔도, 너의 고민도 결국은 나의 손길에 실려 멀리 사라질 거야. 그러니 잠시 쉬어가렴."

"그래, 좋아요."

나는 바람의 품에 안겨 춤을 추었습니다. 그렇게 자연은 내 마음속 깊은 곳까지 스며들어 모든 시름을 씻어줍니다. 하늘을 보며 평화를 찾습니다. 이런저런 이야기들이 풀려나올 때 매우 행복합니다. 볼펜이 굴러가는 소리에 맞춰 노트에 기어가는 글자들도 즐거워합니다. 즐거운 만큼 내 안의 억울함도 분노도 짜증도 어느새 사라집니다. 내 마음의 정원인 지구 서재가 한몫을 합니다. 참 감사하지요.

자연이 사는 모습은 우리와 참 유사합니다. 얕은 물가에 아기 백로가 먹이를 사냥했다고 날개를 치켜 올리고, 졸졸 세레나데에 맞추어 발을 겅중거리며 "엄마, 나 좀 보세요. 엄마. 먹이를 잡았어요." 다시 물고기를 잡다가 그만 놓쳤습니다. 그러자 아기 백로는 긴 목을 모래 돌바닥에 마구 비벼댑니다.

"하아, 고놈 한 성깔 하는구나."

어릴 적 내 모습이 떠올랐습니다.

"그러면 안 돼. 목 다치겠다."

내가 멀리서 혼잣말을 합니다.

자연과 이야기를 하고 있을 때 바람을 쐬듯 시원하고 파란 하늘을 보듯 산듯해집니다. 바람, 물, 꽃, 나비, 오리에게 마음을 맡기다 보면 자연과 하나가 됩니다. 자연과 좀 다른 것은 서로의 언어가 다르다는 것뿐. 서로 살아갑니다. 사람의 보는 감성의 눈에 따라서 군락을 이루고 있는 무성하게 자란 강아지풀 꽃이 예쁘기도 하고 풀이라고 싫어도 합니다.

집 앞을 지날 때면 꽃을 봅니다. 좀작살나무가 이름에 비해서 열매는 참 예쁘게 보라색으로 물들어 갑니다. 자세히 보면 열매들이 하트 모양을 하고 있는 듯합니다. 이렇듯 나무도 사랑을 표합니다.

그래, 나도 "사랑해."

이러는 내가

집착일까 사랑일까 착각일까…?

더위가 식어갑니다. 내 마음의 정원을 이루는 아름다운 여름 친구들이 다 떠나기 전에 만나러 나가야겠습니다.

해님

방과 후 혼자 집으로 가는 길이었다. 봄 햇살이 꼬물거리며 파고들자, '해와 바람 중 누가 빨리 나그네 외투를 벗기겠는가?' 힘겨루기 동화책 내용이 생각났다. 나는 슬그머니 자신감이 솟아 해에게 "해야, 바람은 이겨도 나는 못 이길 거야." 눈싸움 한번 하자고 말했다. 그렇게 자신만만해하며 해와 같이 그냥 집까지 왔다. 텅 빈 집 마당에 앉아 '엄마 빨리 와'라는 글자를 마당 위에 써놓고 막대로 도장 파듯 깊게 파고 또 파고 새겨서 판 흙으로 메우고 다시 파며 놀고 있었다.

그런데 앞산이 나더러 '너 심심하지?' 하면서 놀렸다. 아무리 파도 엄마는 오지 않는데 산은 자꾸 놀려 댔다. 나는 화가 나 산을 노려보았다. '치, 몸을 움직이지도 못해 나를 이기지도 못할 거면서.' 점점 약이 올랐다. 화가 치밀어 달려가 발차기를 해주려고 했다. 그때 갑자기 산이 나무 한 그루 한 그루 몸을 보여주기 시작했다. 일제히 나무들이 군병처럼 앞뒤 좌우 나란히 줄을 섰다. "치사하게 나는 혼자인데 너는 졸개가 몇 명이니?" 숫자가 너무 많아서 기가 죽어 고개를 숙였다.

엄마한테 사랑하고 기다린다는 마음을 보여주고 싶었는데 그만두고 일어났다. 얄미운 산을 등지고 흙벽에 코를 댔다. 흙냄새가 입맛을 당겨서 흙벽을 핥아 먹었다. 구수했다. 흙을 핥아 먹는 게 찜찜해졌다. 앞으로 돌아서서 벽에 등을 기댔다. 햇살을 받은 벽은 엄마 품같이 따뜻하고 좋았다. 눈을 감았다 떴다 하며 햇살을 쏘이고 있는데 학교에서 올 때 한 말이 기억났다.

"해야 아까 내가 한 말 기억해?" 해가 빙그레 웃었다. 눈싸움을 해보고 싶었다. 나는 해를 뚫어지게 쳐다보았다. 눈을 깜빡이지 않기 위해 눈에 힘을 주고 크게 떴다. 해는 지지 않겠다고 더 이글이글거리며 커져 왔다. 나도 질 수 없다고 이를 앙물고 덤볐다. 이러다 눈이 안 보이면 어떡하지? 걱정하면서도 나는 멈추지 않았다. 그러다 상상도 못 할 일이 일어났다. 덜컹 겁이 났다. 쿵쿵 심장이 뛰었다.

태양이 나를 삼켜버렸다. 커다란 불 속에서 나는 무서워 쪼그리고 앉아 있을 수밖에 없었다. 붉고 노란 불에 갇혀서 겁이나 눈을 뜰 수도 없었다.

마음 상한 해가 나를 뱉어 놓을 때까지 꼼짝도 못 했다. "해야, 미안해." 쪼그리고 앉은 채 빌었다. "아까 내가 바람보다 세다고 해서. 힘이 센 슈퍼맨이 되고 싶어서 그랬나 봐. 그리고 산한테 놀림을 받아서 애꿎은 너에게 시비를 걸은 거지 뭐. 다시는 안 그럴게." 하고 사과를 했다. 해가 화를 풀 때까지 나는 눈을 감고 가만히 있었다. 한참 후에야 빨간 불이 작아지기 시작했다. 해님에게 덤비다니. 뉘우치며 다시는 건

방진 짓 하지 않겠다고 해와 약속했다. 내 눈에 적신호가 오지 않기를 바라고 있었다. 위험천만한 일이었다.

산골짜기 집에서 혼자 지내기 심심한 것도 사실이었다. 외로운 나에게 해는 언제나 따뜻한 엄마, 아버지, 친구, 동생이 되어주었고, 등교하다 말고 강물과 한없이 놀고 있으면 이제 빨리 학교로 가라고 토닥여주기도 했다. 그런 해를 이기려 들다니.

동화 이야기처럼 나도 바람이 사납게 불면 나그네처럼 내 옷이 벗겨질까 봐 더 꼭 잡았다. 모자도 꾹 눌러썼고 몸은 움츠렸다. 쌩쌩 모래까지 날리며 얼굴을 할퀼 땐 수건으로 얼굴을 둘둘 감았다.

아무도 없는 집도 싫고 연극인이 꿈이었는데 할 수 없으니 공부도 하기 싫고 따분해서 괜한 심통을 부렸다. 그림도 못 그리고 돈 때문에 무용도 배울 수 없으니 열등감만 키우다가 가장 가까운 해와 재미 삼아 씨름도 해보고 싶었을 테다. 우울함도 달래며 힘자랑을 하고 싶었지 싶다. 해님은 역시 힘이 셌고 나는 위험한 대결을 했다.

해는 내 사과를 받아 줬다. 아무 일이 생기지 않았다는 것만으로도 다행이었고, 무모한 일을 벌이고 난 후에야 따뜻함이 외로움을 녹인다는 것을 알았다. 해는 포근한 마음으로 엄마같이 폭 감싸 안아줬고, 추운 내 마음을 녹여주었다. 해와 나는 서로 좋아했고 늘 함께했다. 해는 세모 네모 동그라미 각기 다른 생각을 가진 누구에게나 감미롭고 따스

했다.

나도 해처럼 그렇게 살 수는 없을까.

찬란한 빛이 스며드는 아침이다.

싱싱한 햇살에 생기발랄한 내가 된다. 해는 늘 따스했다.

아름다운 것의 주의보

2024년 2월 15일 오전 11시, 동대입구 6번 출구에서 남산을 걷기로 했다. 아침에 늘 하던 일을 하고 있는데 남편이 비 소식을 알려주었다. "뭐? 비?" 나는 얼른 단체 카톡을 열었다. 예정대로 진행된다는 공지가 올라와 있었다. 평소 추위에 약한 나를 걱정하며 남편은 극구 말렸다. 그날따라 비와 추위, 그리고 은행 갈 일까지 겹쳤다. 자주 다니지 않는 버스 시간도 문제였다. 가지 말까? 고민하던 중, 구순이 넘으신 대선배님이 명단에 있음을 보고 가기로 마음을 다잡았다. 어르신도 오신다는데 약속을 어길 수 없었다. 복잡한 상황을 쏜살같이 뚫고 은행 일과 버스 정류장을 거쳐 전철을 두 번 갈아타고 약속 장소에 도착했다. 대선배님은 결국 못 오셨다.

2월의 비가 데려올 추위를 대비하기에 준비가 빠듯했다. 부랴부랴 채비를 서두른 탓에 우산만 쓰고 갔는데 예상외로 추웠다. 다행히 다른 분이 장갑과 다리 토시를 주어 감기에 걸리는 일은 면할 수 있었다. 일행은 겨울비를 맞으며 계단을 다 올라갔다. 우비를 입은 선생님들은 애를 업은 듯한 모습에 미소가 지어졌다. 정자에서 간식을 먹고 다시 걷기 시작하자, 나는 눈이 오면 좋겠다고 했다. 잠시 후 비가 진눈깨비로 변하더니 이내 함박눈이 내렸다. 우리도 따라 함박웃음을 지었다. 연세 드신 선생님들도 노익장을 과시하며 기뻐하셨다. 기쁨이 충만하니 추위는 문제가 되지 않았다. 길을 내려가는 선생님들의 우산들이 나비처럼 날았다.

소나무가 하얀 국화꽃을 피우고 있었다. 꽃을 피우며 고요히 선 나무 자체도 아름다웠지만, 움직이는 눈과 사람이 함께 어우러져 걸으니 즐거움이 더 컸다. 눈은 금세 우리에게 친구가 되어 주었고, 우리의 마음을 읽는 듯이 춤을 추었다. 우리가 눈을 보고 이토록 즐거워하는데 눈인들 어찌 즐겁지 않을 수 있을까 싶었다. 우리는 눈과 어우러진 환상의 멤버였고, 그 속에서 눈부시게 찬란했다. 아름다운 시간, 아름다운 행복이었다. 우리는 삼삼오오, 둘둘, 홀로서도 눈 속을 걸으며 저마다의 느낌으로 눈의 향취를 즐겼다. 그동안 눈을 한번 흠뻑 맞고 싶었던 오랜 소망을 이루게 되어 묵은 체증이 빠지듯 흐뭇했다.

문우 중 한 분은 회색빛 하늘을 '우울이'라며, 눈 오는 풍경을 '예쁜 슬픔처럼 보인다'라고 표현하셨다. 그처럼 너무나 아름다워 슬픔이 된 것일까. 놓치고 싶지 않아서 느껴지는 예쁜 슬픔이 아닐까 싶다. 그 예쁜 것이 가버리고 나면 그리움이 되거나, 지키지 못한 것에 대한 깊은 안타까움으로 남기 때문이 아닐까. 잡을 수 없는 것에 애착을 갖다가 슬픔에 빠지는 셈이다. 올해 자주 만났던 눈이지만 품에 간직할 수 없었기에 아쉬워하며, 또 언제 만날 수 있기를 기다린다.

예전에 나는 순백의 절대적인 아름다움에 사로잡혀 나 자신을 잃었다. 눈처럼 소멸했다가 깨끗이 다시 태어나기를 갈망했다.

순백이 주는 무게는 기회를 놓친 것에 대한 후회에서 비롯된 불완전함에 대한 반항이었다. 결국 이 감정 과잉으로 나를 괴롭게 하는 원인이 되었다.

하지만 이제는 안다. 완벽을 고집하며 내 자신을 힘들게 하기보다는 '좋은 것이 완벽한 것보다 낫다'는 것을 말이다. 불완전한 삶의 모습을 인정하며 사는 것이 진정한 평화임을.

결국 아름다움은 오래 함께할 수 없는 슬픔이라는 것을 알았다. 예쁨, 순백, 지나친 감격과 집착. 이 모든 것들로부터 나를 보호하기 위해 나는 문득 아름다운 것이 곧 '주의보'와 같다고 생각했다. 이제 나는 그 예쁜 것의 경계 그 이상은 넘어가지 않기로 했다. 이 세상에 단 하나뿐인 나는, 나 자신으로서 온전히 귀하기 때문이다.

눈, 아름다운 것에 담담함

어제 내린 눈은 아직 가시지 않은 그리움처럼 남아 눈과의 교감을 이어가는데, 오늘 밤에도 습기를 머금은 눈이 펑펑 쏟아졌다. 쉬 잠이 들지 않았다. 창문을 열었다 닫았다 하다가 아주 일어나 나는 엘리베이터를 탔다. 바닥이 물기로 흥건했다.

1층에서 내리자 이웃 어르신을 만났다. “안녕하세요?” 인사를 건네자 “어디 가세요?” “아, 예. 저기 눈 구경 가요.” 내 말에 우린 서로를 바라보며 웃었다. “나가 보세요. 나무가 너무 예뻐요.” 하신다. 나는 그 말씀에 어안이 벙벙했다. 눈이 많이 오면 어르신들은 불편해하실 거라 짐작했던 나의 오해가 멋쩍어져서였다. 밖으로 나와 보니 어르신께서 눈 구경을 꼼꼼히 하셨다는 걸 알 수 있었다. 계절의 변화에서 오는 느낌을 즐기는 마음은 결국 모두 같았다.

다음 날 날이 밝자 다시 나갔다. 작은 나무에는 목화꽃이 방긋방긋 핀 듯 백설의 꽃, 하얀 눈꽃이 여기저기 흐드러지게 피어있었다. 대부

분의 나무는 눈꽃이 탐스러웠지만, 어떤 낮은 소나무는 습설의 과도한 무게에 짓눌려 있었다. 눈꽃이라기보다는 아름다움을 잃고 마치 폭군처럼 느껴졌다.

아이들이 어느새 벤치 위에 오리 곰과 화난, 놀란, 행복한 눈사람까지 만들어 놓고, 종이에 글자를 써 놓았다. '2시간 동안 만든 처참한 결과물이에요. 망가트리거나 부수지 말아 주세요!' 이 글은 이틀 전 아이들이 애써 만든 올라프 눈사람이 부서져 눈 위에 곤두박질쳐 있던 경험 때문이 아닐까 싶었다. 아이들의 섬세한 마음과 어른들의 정서가 다르다고만 생각했던 나는 적잖이 놀랐었다.

나는 볼펜을 살 요량으로 나섰다가 결국 눈과의 사랑에 빠졌다. 다시는 돌아오지 않을 이 시간에 열중했다. 문구점에 들러 볼펜과 형광펜을 샀다. 펜으로 '사랑해요'라는 하얀 글자를 눈 위에 새겨 놓고, 눈 꽃잎을 두 손 가득 쥐고 공중으로 던졌다. 다시 뭉쳐 난간 위에 쌓인 눈을 향해 눈싸움하듯 눈을 던졌다. 눈 뭉치가 쌓인 눈을 뚫고 뻥 구멍을 냈다. 나는 10점짜리 과녁에 명중이라도 한 듯 기뻐하며 집으로 들어왔다.

현관에 들어서자, 남편이 드라이브를 가자고 했다. "이게 웬 듣던 중 반가운 소리야?"라며 나는 번갯불에 콩을 굽듯 급하게 따라나섰다.

눈길을 달렸다. 남편은 눈이 오니 차분해진다고 했다. 멀리 산자락 한 곳은 유난히 많이 눈이 쌓여있어 나는 나무들이 하얀 하혈을 한 것 같다고 했다. 얼마쯤 달리다 우리 부부는 커피숍에 주차를 하고 눈을 밟으며 산길을 걸었다. 눈이 녹아 졸졸졸 배수구로 흐르는 물소리가 청량했다. 얼마나 오랜만에 들어보는 맑은 소리인지. 마치 나는 동그라미 속 달나라 숲속의 토끼가 된 듯했다.

산길을 따라 내려와 강변으로 걸었다. 사람들이 밟지 않은 눈을 찾아 뽀드득 소리를 들으며 걸었다. 뽀드득 소리는 어릴 적 눈 소리와 같았다. 자연이라는 화가가 그려 내는 예술작품이라 누구도 흉내 낼 수 없는 환호의 대상이다. 그 화가는 때론 성난 들소가 되기도 한다.

남편은 눈이 오면 차분해진다고 했지만, 과거의 나는 달랐다. 순백에 홀린 듯 감격하며 '눈이 되어 훨훨' 날고 싶다며 어쩔 줄 몰라 쩔쩔매기까지 했다.

찌든 마음을 동화의 나라로 초대받아 모든 것을 덮고 다시 시작할 수 있는 '하얀 심장'이고 싶었다. 그건 이루지 못한 슬픔이거나, 또는 그 하얀 심장 위에 다시 채워 넣고 싶은 욕망이었을 게다.

이제 나는 남편의 말에 공감한다. 천상의 눈을 보면서도 과거처럼 정체성을 잃고 감격의 무게에 짓눌리지 않는다. 다만 그 순간을 기쁨으로 온전히 즐길 줄 알게 되었을 뿐이다. 과거 눈을 보고 과도한 충동으로 나를 상실했던 일을 이겨내고, 절제되고 통제된 마음으로 겸손하게 모든 존재를 귀하게 인정하는 법을 배운 셈이다.

운동화 한 켤레

우크라이나로 작은 선물을 보내기로 했다. 신발도 없지만 손 닦을 수건이 없다는 소식을 들었기 때문이다. 박스 하나를 가져와 그 안에 운동화를 넣기로 했다. 아이를 키운 경험이 없으니 초등학생 사이즈를 가늠하기 어려워 지인과 함께 시장에 갔다. 5, 6학년이 신을 수 있는 하늘색에 흰 줄무늬가 들어간 남녀 공용 운동화를 샀다.

박스에 편지를 써서 넣고, 운동화 속에 작은 과자 몇 개를 채웠다. 수건 하나를 잘 개어 신발 위에 올리고 뚜껑을 닫아 봉했다. 그 순간, 가슴 벅찬 기쁨이 밀려왔다. 운동화가 커다란 입을 벌리고 벙글벙글 웃는 것만 같았다.

내가 선물을 받았을 때보다 훨씬 더 좋았다. 주는 기쁨이 온 세상을 환하게 비춘다는 말이 비로소 이해되었다. 나누는 기쁨은 샘물처럼 따뜻하게 온몸으로 퍼져나갔다. 단순히 가족, 친구, 지인에게 주는 선물과는 비교할 수 없는 큰 기쁨이었다. 이런 기분은 처음이었다. 예전부터 어려운 아이들에게 선물을 주고 싶었지만, 번번이 기회를 놓치곤 했다. 거창하게 준비해서 하겠다는 생각 때문이었다. 하지만 시간이 지나고 나면 다 허사였다. 그래서 이번에는 작은 일부터 시작하기로 했다. 이 작은 선물을 받은 아이가 얼마나 기뻐할까 생각하니 마음이 전해지는 것 같아 행복했다. 나누는 즐거움을 선호하는 사람들이 왜 그리 많은지 이제야 알 것 같았다. 그동안에는 주로 성금만 냈었는데, 이번에는 내 손으로 직접 물건을 사고 포장해서 보내니 기쁨이 몇 배는 더 컸다. 엽서에 편지를 썼다. 사람들이 가슴 따뜻한 이야기로 꽃을 피우듯, 내 기쁨도 원고지 위에 까만 꽃을 피웠다. 선물이란 가장 가슴 뭉클하면서도 식지 않는 뜨거운 울림 같은 것이 아닐까. 희망으로 가슴이 뛰었다. 내 속에서 외쳤다.

“애들아, 희망을 가져! 내가 기도할게. 너희들을 사랑하는 하나님이 계신단다. 나도 너희를 사랑해. 힘을 내.”

배로 가는 데 한 달은 족히 걸린다고 했다. 운임비로 2만 냥을 넣어 보냈다. 운동화는 꿈을 품고 짭조름한 바다 향기를 맡으며 철썩이는 파도 소리를 들으며 춤추듯 나아가고 있겠지. 들떠 있는 운동화의 마음에 맞춰 “빠앙~” 뱃고동 소리가 귓가에 들리는 듯하다. 운동화는 만나야 할 해맑은 얼굴을 그리며 함께 깡충깡충 뛸 꿈을 꾸고 있을 거다. ‘그 아이의 발은 어떨까? 킁킁킁, 괜찮아. 우린 친구니까! 머리는 예쁘게 땋았을까?’ 신이 나는 꿈을 꾸고 있겠지. 부디 안전하게 잘 가기를 바란다.

우리나라도 어려운 시절이 있었다. 부모님과 언니, 오빠들의 삶이 그랬다. 나는 60, 70년대를 지냈지만 어려서 잘 먹지 않는 편이라 배고프면 옥수수 하나로 충분했다. 가난을 알았지만, 덜 겪은 세대라 피부로 느끼진 못했다. 쑥 캐는 나를 보고 아버지는 쑥에 물리지도 않았냐? 하셨다. 쑥죽을 쑤어 먹던 때도 있었다지만 그 고통의 깊이는 잘 몰랐다. 그렇게 잊고 지냈던 결핍의 감정들이, 멀리 떨어진 아이들의 고통을 마주하며 떠올랐다.

오래전, '왜 저들은 저렇게 가난할까' 답답해한 적이 있었다. 언젠가 아프리카를 직접 방문하고 싶었지만, 현실에 안주하며 미뤄왔다. 이제는 가까운 곳, 지금 할 수 있는 것부터 시작하기로 마음먹었다. 직접 그들의 삶을 보고 이해하고 싶었다. 그들의 삶을 나누고, 희망의 끈을 함께 잡고 싶었다. 이 마음이 식지 않기를 바란다.

내가 겪은 이 기쁨은 '받은 만큼 행복하지 않고 주는 만큼 행복하다'는 인생의 진리를 깨닫게 했다. 사랑하는 마음에는 늘 기쁨이 따르지만 때로는 아픔과 어려움도 따르는 법. 그러나 그것을 넘어서야 진정한 뜻을 이룰 수 있다고 생각한다.

순박한 아이의 반짝이는 눈, 그 밝고 맑은 눈동자를 생각하면 벅차게 설렌다. 운동화는 꿈을 안고 거친 파도를 헤치며 낮이나 밤이나 달려가겠지. 철썩이는 바다의 노래를 들으며 육지를 향해….

나는 상념 속 운동화의 모습을 멈추고 가만히 두 팔을 껴안았다. 이 모든 과정과 내 다짐이 가슴에 해를 품은 것처럼 벅차게 느껴졌다. 이 작은 선물이 아이에게 가 닿아, 어떤 역경 속에서도 희망을 잃지 않고 굳건히 삶의 의지를 지키는 힘이 되기를 기도한다. 네가 가진 꿈이 언젠가 너의 길을 환하게 비춰줄 것이라고 간절히 믿으면서.

그날 밤

시냇가 둑방 가로수 길 옆에 남자고등학교가 있고 길 따라 높다란 철조망이 있다. 기숙사 철조망에 구멍 하나가 뻥 뚫려있다. 쥐구멍 같았다. 어떤 쥐가 들락거리는 걸까? 쥐들만의 비밀 문이겠지. 까맣고 둥그런 구멍은 안쪽 복도를 목구멍처럼 드러내고 나와 눈이 마주칠 때마다 유혹하듯 빙그레 웃곤 했다.

고등학교와 우리 중학교, 두 학교가 냇가 쪽에 나란히 있다. 친구랑 둘만의 아지트가 바로 학교 옆 시냇가여서 늘 우리만의 한적한 코스였다. 나무가 서로 손을 맞잡고 아치형으로 되어 있어 우리들의 기분을 '센티멘털' 하게 해주는 가로수 길이었다. 옥수수밭 안 오두막도 운치를 더해주었다. 오두막에 몰래 들어가 누워 달도 별도 보는 예쁜 밤. 누워 있는 친구 눈을 연인처럼 들여다보았다. 친구 눈에 달이 들어 있었다.

어느 날 밤, 여전히 둘이 가로수 길을 걸어가고 있는데 그날따라 철조망 시커먼 구멍 얼굴이 나를 빤히 쳐다보며 들어오라고 했다. 한 번도 본 적 없는 이층 침대와 기숙사 안이 어떤 모습을 하고 있는지 궁금할 때가 있었다. 미래의 내 모습을 미리 훔쳐보고 싶은, 소망이었을지도 모른다. 갈등이 점점 부풀어 오를 때 개미핥기 혀가 휙 나를 잡아당겨 나는 얼른 친구 손을 잡아당겨 같이 들어갔다. 살금살금 고양이처럼 어둠을 밀고 쥐들의 통로인 복도로 들어갔다. 복도 끝에는 비상등이 희미하게 비추고 있었다. 기숙사 문손잡이를 조심스럽게 잡아당겼는데 하! 열렸다. 소원 풀었다고 신바람이 났다. 불 스위치를 딸깍 눌렀다. 드디어 환하게 드러난 남자 기숙사!

철제 이층 침대, 옷장 하나, 철제 책상 의자 달랑 네 개밖에 없었다. 기대에 못 미친 실망감에 나올 생각도 안고 어정쩡하게 서 있는데 창문 밖에서 웅성거리는 남자 어른들 소리가 나기 시작했다.

그제야 사태의 심각성을 깨달았다. 우린 무단 침입자였다. 모든 게 끝이라는 생각이 들었다. 퇴학을 당할 것이고 부모님의 실망과 선생님, 친구들을 잃게 된다고 생각하니 16년의 시간이 한순간에 뒤엉켜 아우성을 치는 죽음 같은 아비규환이었다. 시공을 초월하는 마법이라도 간절히 갈망했다. 바닥이 흔들려 넘어지지 않으려고 윈드서핑을 타듯 균형을 잡으며 벽을 의지하고 있는데, 갑자기 놀라운 일이 생겼다. 점점 숨통을 조여 오자 친구가 납작 엎드려 침대 밑으로 들어갔다. 급하니 작아지는 능력이 생겼다. 들어갔으니 나올 수도 있겠지? 독 안에 든 쥐라 해도 나갈 시도를 해보고 싶은데, 친구를 두고 갈 수도 없었다. 그런데 혼란 속에 혼자 서 있게 되니 변명할 생각이 났다. 몰래 들어온 것은 잘못이지만 도둑질하러 온 것도 아닌데 뭐가 그렇게 잘못이란 말이야!

중학생인 나는 나를 믿고 벽에 기대선 채 당당해졌다. 잡혀가면 사실대로 말하면 되지. 죽을죄를 진 건 아니지 않냐고 맘먹으니 나도 모르게 잠시 불안도 가셨다.

이윽고 드르륵 창문 열리는 소리와 함께 흰 셔츠 입은 큰 검객이 훌쩍 뛰어 들어와 주위를 살폈다. 어떻게 왔냐고 묻자. “사촌 오빠가 있어 구경 왔어요.” 숨죽이고 절벽에 매달린 듯 하고 있는데 아무 말도 없이 나갔다. 십년감수했지만 맥이 풀렸다. 대체 이게 무슨 황당한 시추에이션? 왜 선생님(?)이 문을 이용하지 않았는지 이유가 떠올랐다. 우린 일요일도 아지트로 가던 중이었고, 텅 빈 일요일 밤 기숙사에 불이 켜져 도둑이 든 것으로 오해를 받았다. 그냥 쫓아내려고 기척을 한 건데 반항하듯 못 나가고 고생한 걸 보면 핑계 댈 일을 미리 준비해 놓았던 건 아닐까 싶다.

호기심이 발동하면 참지 못하는 나의 성격이라 직접 눈으로 봐야 맛인데 실체는 별맛은 없었고 숨 막히던 순간의 맛이 일품이 아니었던가? 아슬아슬 행복한 추억이었다. 달이 물속에 들어 목욕하는 걸 보며, 물가에 누워 넓은 세상을 꿈꾸었고, 밤이 뿜어내는 숨결에 취해 새벽이슬을 맞기 일쑤였다. 저 어둠 뒤에 숨어 있는 장래는 뭘까. 하늘에 닿으라고 큰 소리로 저 별은 너의 별, 저 별은 나의 별, 별을 노래했다. 그러다 가만히 별을 보면 별이 힘내라고 찡긋찡긋 윙크를 해주어 걱정 많은 내 마음에 미소가 났다. 내 별은 찾기 쉽게 북극성으로 했다. 이제 그 소녀들이 꼬물꼬물 자라 어른이 되었지만, 나 때문에 위험한 파도타기를 했던 친구는 아주 먼 하늘 안드로메다 그 별이 되었다.

혼자 먹기도 부족한 점심 도시락을 내 앞에 놓고 같이 먹기도 했고, 친구들 오뎅값도 다 대신 내주었다. 소풍을 간 날, 언제 준비했는지 노란 빵모자 두 개를 가져와 둘이 나란히 쓰고 사진을 찍기도 했다. 선생님은 친구가 수학을 잘하고 자존감이 크니, 나중에 큰 회사의 리더가 되면 잘할 거라고 말씀하셨다. 어떤 선생님은 계 오야를 하면 잘하겠다고도 했다. 강해 보이지만 차분하고 현명한 친구를 나는 좋아했다. "너희 둘은 어떻게 그렇게 친하냐?"라고 친구들이 부러워할 만큼 한결같은 최고의 콤비를 자랑했다. 그 친구는 담대하고 재미있어 열 명의 친구가 부럽지 않다고들 했다. 그러니 열 명의 친구를 한꺼번에 잃은 샘이다.

환상의 무지갯빛 아름다웠던 옛 시냇가에서 나 홀로 가슴 따뜻한 옛 기억을 떠올리며 너의 별을 본다. 꼭 보고 싶은 친구여, 영원히 빛나라.

물망초

중2 때 교실 책상에 조용히 혼자 앉아 “하나님 새 친구 하나만 주세요.”라고 기도했다. 내 기도가 들렸는지 “공부 잘하는 애가 전학을 온대.” 얼마나 잘하길래 저럴까? 궁금했다. 드디어 교실 뒷문으로 선생님과 함께 낯선 애가 들어섰다. 몸에 광채가 흐르고 의젓함이 배어있었다. 나는 깊은 첫인상에 경계심이 생겼다. 그 후 친구가 말하면 내 말이 맞다고 우겼다. 어느 날 수업이 끝나자 기죽이기를 하겠다고 쫓아갔다. 하필이면 경찰서 옆을 지나가 뜨끔 했다. 친구는 부엌으로 들어가더니 돌아서서 “들어와.”라고 했다. 반들반들한 까만 솥단지가 두 개 있고 그 사이에 반짝이는 까만 성경책이 놓여 있었다. 아, 그랬었구나. 내 철없는 말에도 기분 나쁜 표정을 짓거나 다툼을 벌이지 않던 이유를 깨달았다.

다음 날 아침 교실에서 본 친구는 친근하게 느껴졌다. 아주 오래전부터 알고 지낸 사이처럼 잘 통하고 평온함이 들었다. 오해는 바로 사라졌다. 강해 보이는 것은 나쁜 사람과 아무 상관도 없었다. 반 친구들이 너무 착해 걱정되어 의협심에 불타 벌인 나의 오해였다.

친구는 당당하며 침착하고 조용하면서도 활동적이었다. 특히 수학을 잘해서 안 배운 문제도 척척 풀었다. 시골 학교 우리 수학 선생님은 강릉에 사시면서 공부 잘하는 친구와 나에게 심부름을 시키셨다. 버스를 타고 강릉까지 가서 문제집을 사, 선생님 댁에 갖다 드렸다. 미리 차비를 주셨는데 영화 한 편 보고 가라고 돈을 또 주셨다.

우릴 태운 버스는 우리처럼 신이 나서 장난이 만만치 않았다. 덜컹덜컹 마구 흔들어 붕 높이 띄웠다가 떨어지게 했다. 그 재미에 맨 뒷자리에 앉아 킥킥대며 좋아했다. 덜컹덜컹 쿵더쿵거리는 데는 청두리 돌길이 최고였다. 구름과 길가 나무들이 덩달아 파란 손을 흔들어 주며 지나갔다. 그렇게 공부 잘하는 친구 덕에 대리만족까지 느끼며 함께 신이 났다.

밤이 되면 함께 시냇가에 갔다. 시냇가 자갈밭에 누워 희망을 노래했고 깨꽃처럼 쏟아지는 은하수를 보며 팔을 벌리고 환호도 했다. 물속에서 달은 졸졸 물 연주를 했다. 벌레도 노래했고, 풀꽃도 우릴 보고 방긋 웃었다. 별들이 수놓인 밤하늘 아래 물소리를 자장가 삼아 잠도 잤다. 시간 가는 줄도 몰랐다. 얼굴에 내려앉은 이슬을 맞고서야 다정한 밤의 벗들과 헤어져, 희뿌연 안개를 헤치며 집으로 돌아오곤 했다. 우릴 둘러싼 밤은 환상과 신비로 가득했다. 어둠 뒤편에는 어떤 세상이 숨 쉬고 있을까? 또 어떤 꿈들이 숨어 있을까? 보이지 않는 것에 마구 그리움을 가졌다.

시냇가 옆 달빛 하얀 옥수수밭 속을 걸었다. 달빛 옷을 입고 두 팔 벌려 반겨주는 옥수수 이파리들의 은빛 물결에 설렜다. 자랑처럼 곱게 빗어 내린 하얀 옥수수수염의 도도한 자태에 질투를 느꼈다. 수염이라도 뽑을까 봐 보초병처럼 선 오두막이 시커먼 입을 벌리고 우릴 지켜보고 있었다. 그 입가에 비스듬히 기댄 달이 또한 우릴 바라보았다. 오묘한 밤의 정취에 취한 열다섯 두 소녀는 밤이 깊도록 우정을 싹틔웠다. 둘만의 공간인 시냇가, 암담하기만 했던 미래에 대한 두려움을 잊게 해준 시냇가는 오아시스였다. 자연과 우정에 취해 행복했다. 자연의 한 일부 같았고 마치 태초의 아담과 이브 같았다.

꼭 다문 도톰한 입, 하얀 미소, 반짝이는 큰 눈. 친구는 총명한 나라에서 온 요정 같았다. 교복 입은 매혹적인 몸매에 반한 적도 있다. 아무렇지도 않게 텃세를 받아 주었던 규율부 활동을 하던 친구는, 나를 후배 교실로 데려가 교탁에 서 있기만 하라고 했다. 그리고는 "보기보다 무서운 누나"라고 나를 소개했다.

그런데 무슨 일인지 나는 친구를 보고 일찍 먼 나라로 가리라는 예감이 들었다. 어떻게 친구에게 그런 생각을 할 수 있냐고 스스로 기분이 언짢았다. 결국 그 예감은 현실이 되어, 친구는 서른아홉에 긴 이별을 고했다.

3학년 여름날 깊어 가는 밤에, 나는 "고등학교 가면 우리 헤어져야 하는데."라고 속삭였다. 친구는 "물망초"라고 기억해 달라고 했다. 시냇가 자갈밭에 '나를 잊지 마세요(Forget Me Not)'라는 꽃말을 심어 놓은 친구. 친구 눈에 달이 들어 있었던 것처럼 영원히 잊을 수 없는, 그 아름답던 여름밤들을 뒤적거려 본다. 친구는 고상함을 선호했고, 나는 우아해지고 싶다고 했다.

내게 가장 소중한 시절을 주고 간 친구. 그곳에서 시들지 않는 꽃으로 피어있을 물망초! 물망초 꽃말처럼 잊을 수 없는 나의 친구야, 사랑해. 내게 주어진 삶의 소풍 끝나는 날, 하늘나라 꽃밭에서 다시 만나리.

올 엄마

늘 너무 오래 살았다고 하는 엄마. 13년 전 80세에 첫째 며느리를 저세상으로 먼저 보내고 한숨짓던 엄마. 4년 전에는 남편을 보내고 92세가 되셔서 둘째 며느리까지 보냈다. 장례가 끝나고 헤어지던 날 다소곳이 서서 박꽃 환한 웃음으로 나를 배웅했다. 저 환한 웃음의 의미가 뭘까? 쿵, 두렵고 서늘했다.

첫째 며느리가 떠났을 때는 마당 화분 앞에 가랑잎처럼 붙어 앉아있었다. 갈고리 같은 손가락으로 화분 흙을 고르시며 꽃밭에서 살고 싶다고 하셨다. 둘째 며느리마저 떠나자 엄마는 입을 굳게 닫았다. 자식들을 멍하니 바라볼 때도 있고, 일어서서 창밖을 내다보기 일쑤다.

하지만 70년 세월을 함께했던 남편의 차디찬 손을 쓰다듬으며 의연하게 작별을 고했다. 아버지가 살아계실 땐 남편에 대한 원망을 폭포수처럼 쏟아내셨는데, 이젠 세상만사 걱정, 근심, 그리움도 다 내려놓으신 모습이다. 고요하게만 흐르고 있는 모습이 더 안타깝다. 차라리 화라도 내시면 좋겠다.

곱상한 얼굴에 보통 체격이셨지만, 보기보다 참 다부지고 옹골찼나 보다. 남자 지게 짐을 질 만큼 삶의 의욕이 넘쳐 남들이 일꾼이라고 인정한 엄마. 늘 일에 쫓기며 살았다. 안 해도 될 남의 집 일을 끝마무리까지 해 몸이 상했다며 남편에게 야속해했다. 누가 하라 했냐는 딸의 지청구에는 아버지가 시켜서 했다고 했다. 늘 밭에서 늦게 오셨기에 초등학생인 나는 빈집에 오는 게 싫었다. 친구 엄마들처럼 엄마도 빨리 집에 와서 저녁을 짓고 학교에서 오는 나를 기다려 주었으면 했다.

언젠가 딸하고 가장 친한 친구가 결혼한다는 소식을 듣고 예식장에 오셨다. 나는 간다는 말도 안 했는데 객지에 사는 딸이 보고 싶어 간절한 마음으로 찾아왔을 테다. 하지만 나는 모정을 외면했다. 지금 생각해 보니 그때가 엄마의 갱년기였었다. 기운 하나 없는 얼굴에 마른 논처럼 금이 하얗게 가 있었다. 그 초췌한 행색이 남들 보기 창피해 엄마가 반갑게 부르며 오자 대꾸를 겨우 하고 자리를 비켰다. 그래도 자꾸 찾아오는 엄마가 거북했다. 그 마음이 얼마나 허망했을까. 지친 기색이 역력했다. 슬픈 얼굴엔 그리움이 가득했는데 말이다.

차창 밖으로 보였던 엄마의 천진스럽던 아이 같은 모습은 뭘까? 몹쓸 딸이었던 것을 엄마는 잊어버렸을까. 딸과 다시 만날 심정에서 역행하는 표정이었을까.

하루하루 힘겹게 살아내시는 엄마는 희미한 낮 초승달로 혼자 앉아 종일 무슨 생각을 할까. 눈에 넣어도 안 아픈 육 남매 꽃 속에 꽃술처럼 피어서 고생도 마다 않고 자식을 업고 머리에는 짐을 이고 높디높은 그 재를 또 넘고 계실까. 일밖에 모르셨는데 얼마나 적적하실까. 이제는 자식이 그리워도 찾아 나설 수도 없는 몸이다.

일에 혹사를 당하면서도 몸에 배어버린 습관 때문에 딸네 집에 모처럼 와도 앉으나 서나 일을 찾아내서 했다. 만나면 오붓하게 앉아 모녀가 남들처럼 얘기도 실컷 하고 쇼핑도 가고 싶은데, 내 마음도 몰라주고 왜 일만 하냐고 짜증을 내지 않았는가. 그런데 일할 수 없는 몸이 되어 말이 그리워 전화를 했을 텐데 "엄마 나 바빠~" "어, 그래." 뚝 끊겼다. 젊었을 때 내가 원했던 일 아닌가. 나는 다시 외면했다. 그때가 엄마 건강상 이야기하기 딱 좋은 때였는데, 놓쳤다.

자식이 그리워 찾아왔는데 다정하기는커녕 물 한 잔 챙겨드리지 않았다. 사람들 틈에 끼어 바쁜 척하는 딸을 먼발치에서 바라보고 섰다가, 그래도 딸을 포기하지 못해 와서 말을 걸고 돌아가셨던 엄마. 그 허망함을 어찌할까. 너 같은 자식 낳아 키워봐야 안다던 말이 가슴을 친다. 엄마가 되어 보지 못했으니 불효막심할 뿐이다. 반가움과 그리움을 지우고 달래며 가셨을 그 허전했을 엄마의 심정이 느껴지니, 글을 쓰다 "엄마" 소리가 마그마 분출하듯 목울대를 뚫고 욱 울려 나왔다.

'이쪽으로 가면 서울 가는 길이지? 내가 옛날에는 펄펄 날아다녔는데.' 멀리멀리 날아다니고 싶다고 당신 죽으면 대관령 정상에 훌훌 뿌려 달랬다. 고달프고 고독했을 엄마의 노경이 안쓰럽다. 어린 내가 엄마를 기다렸을 때처럼 목을 빼고 있지 않을까. 더 늦기 전에 엄마를 이야기꾼으로 만들어 보자. 93년이란 세월. 얼마나 많은 이야기가 차곡차곡 쌓였을까. 막혀 있는 것들, 마음의 수문을 활짝 열고 쏟아내게 하자. 허망했을 엄마 마음이 붉은 꽃으로 저녁노을 속에 활짝 피어난다.

엄마와 어린 감자

하늘 아래 첫 동네라 불리는, 산 위에 작은 무공해 마을이 있습니다. 그곳에 가면 나의 어머니의 향기와 내 어릴 적 발자국이 선명합니다. 산이 많고 척박한 땅이라 산 밑 사람들은 우리를 보고 '감자 바위 왔냐'며 놀리곤 했죠. 여름에도 밤엔 겨울 점퍼를 입어야 할 만큼 서늘해서, 더위를 피해 오는 사람들로 북적였습니다.

다섯 살이던 어느 날, 방에서 엄마를 따라 나온 나는 부뚜막에 섰습니다. 엄마는 나를 보고 집에 있으라 했고, 나는 돈 벌러 가는 것 같아 고개를 끄덕였습니다. 하지만 곧 엄마는 창문도 없는 나무문을 콕 닫고 나가, 순식간에 캄캄한 밤이 되었습니다.

새까맣게 된 공간이 무서웠습니다. 그래서 나는 화가 났습니다. 다섯 살인 어린애도 손발도 있는데 문도 열 줄 아는데 왜 어둡게 문을 닫아 버리냐고요! 울려다 방 안에 자고 있는 아기가 깰까 봐 참았습니다. 미움이 치솟아 엄마를 뒤쫓아 나갔습니다. 하지만 엄마는 이미 바람처럼 사라져 보이지 않았습니다. 마당에도 싸리문 밖에도 이쪽저쪽을 살펴

봐도 보이지 않았습니다. 떼를 써서 엄마를 속상하게 해주고 싶었습니다. 그런데 어느 쪽으로 갔는지 도무지 알 수도 없고 해서 더 화가 났습니다. 내 몸만큼이나 큰 이해심을 보이며 고개를 끄덕였는데, 문을 닫아버린 엄마는 오히려 내 마음을 몰라주는 것 같았죠. 내 뜻대로 되지 않자 나는 앙앙 울기 시작했습니다. 울어도 아무 기척이 없자 악을 쓰며 손톱으로 얼굴을 박박 긁었습니다.

그래도 왠지 마음이 시원치 않았습니다. 나는 울퉁불퉁한 돌밭 길을 감자처럼 데굴데굴 굴러가며 얼굴을 할퀴었습니다. 어디선가 숨어 나를 지켜보고 있을 엄마가 나타날까 기대했지만, 오지 않았습니다. 나는 멀리에서라도 보고 있을 엄마 보라고 더 악을 쓰고 울었습니다. 그렇게 울면 불며 얼굴을 할퀴며 한 집 두 집 앞을 굴러 친척 할머니 댁 밭 가운데까지 와 일어나 앉았습니다.

'도대체 엄마는 어떻게 그렇게 빨리 사라질 수 있단 말이야!' 어둠 속에서 빨리 쫓아 나왔다고 생각했습니다. 그런데도 엄마가 없다는 사실이 어린 '감자'에게는 엄청나게 이해가 되지 않아 더욱 분노를 뿜어내고 말았습니다.

친척 할머니 댁 마당에는 할머니와 아이들이 놀고 있었습니다. 나는 다시 울기 시작하며 얼굴을 박박 헤볐습니다. 저 얼굴 어쩌냐고 놀란 표정으로 다가오던 할머니는, 이내 웃음 가득한 얼굴로 나를 자꾸 바라보셨습니다. 무슨 일인지 자초지종을 털어놓지 않아도 내 속내가 들켜버린 것 같아 나는 부끄럽고 쑥스러웠습니다. 할머니는 나를 데리고 마당으로 가셨지만, 나는 기분이 썩 좋지 않아 부루퉁한 얼굴로 뜨락에 기대서서 아이들이 놀고 있는 것을 보고 있었습니다.

허공에다 떼를 쓰다 뚝 그치고 나니, 어디선가 나를 보고 있었을 엄마를 생각하며 갑자기 너무나 미안해졌습니다. 처음부터 그렇게 난리를 치려던 건 아니었는데 말입니다. 먹고살아야 하기에 어린것들을 두고 가야 하는 엄마의 불안과 그리고 '안전을 위해 문을 닫은 것'과 '나도 문을 열 줄 알고 걸어 나갈 수 있는데 왜 문을 닫았냐'는 어린아이의 생각 차이가 꽝 부딪쳐 그만 나는 이성을 잃어버리고 말았습니다.

내 동생 갓난아기를 재워놓고 일을 가시는 엄마의 마음은 오죽했을까요. 안전하게 집 안에 있으라고 문을 닫았을 뿐일 터인데요. 지구가 깨지도록 울었으니 엄마가 그런 내 모습을 보셨다면 억장이 무너졌을 겁니다.

저희 외할머니께서는 당신의 어린 손주 허리에 줄을 묶어서 기둥에 매어놓고 밭에 갔다 오셨다고 합니다. 발 달린 동물이 어디를 못 가겠어요. 안전을 위해서, 가족을 위해서 그렇게라도 해야만 조금 안심이 될 것 같은 부모의 심정이 다 그러할 테니까요.

엄마 손에서 떨어져 떼쓰며 구르던 어린 감자가 어른이 되고 보니,

어쩔 수 없이 우는 아이를 뒤로하고 일터로 향하는 엄마들을 볼 때면 눈시울이 붉어질 때도 있습니다.

젊은 엄마든 연로하신 엄마든 세상 모든 엄마여. 힘내세요!

엄마의 슬픈 새벽별 소리

아직 환한데 엄마 아버지는 평소보다 훨씬 일찍 밭에서 돌아오셨다. 가져온 쟁기들을 뜨락에 놓으며 엄마가 원망하듯 말했지만 아버지는 부드럽게 대답했다. 뒤에서 그 모습을 보고 있던 초등학생인 나는 엄마, 아버지 없어도 살 수 있으니 두 사람 다 집을 나가라고 겁도 없이 다그쳤다. 나는 남들이 싸우는 걸 보면 참지 못하는 성격이다. 그래서 엄마는 정말 사립문 밖으로 나가셨다. 아버지는 왜 안 나가냐고 다시 재촉했지만 더 이상 나가라고 할 수 없었다. 그래도 아버지가 이 집의 가장이신데. 왜 싸우냐고 아버지께 물었다. 내 물음에 아버지는 농사가 안돼서 그런다고 했다. 그럼 싸운다고 농사가 잘되느냐고 다시 물었다.

아버지는 하늘은 스스로 돕는 자를 돕는다고 했는데, 다른 집보다 더 열심히 노력하고 이른 새벽에 나가 밤늦게까지 일하고 오는데 왜 우리 집은 안 되느냐며 속상함을 토해내셨다. 나는 그때 처음 아버지의 눈물을 보았다. 그렇게 해서 되는 일이라면 누구나 다 잘될 거라 생각하며, 나도 아버지와 같은 마음에 감히 화풀이를 한 셈이었다. 초등학생이었지만 나는 바람이 전하는 소리를 들어 알고 있었다. 정직이 조금 더디다는 것을.

아버지는 나한테 화를 내시거나 야단을 치시지 않았다. 엄마가 이모 집에 가 있을 거라고, 가서 데려오라고 하셨다. 나는 그렇게 하지 않았다. 선택은 엄마가 하는 거라고 생각했다. 엄마는 다음 날도 돌아오지 않았다. 아버지는 다시 나를 보고 이모 집에 가서 데려오라고 했다. 나는 대답하지 않고 마음속으로 생각했다. 쫓아내고 어떻게 데려와. 용기가 나지 않았다. 그다음 날 새벽이었다. 타다닥 타다닥 소리에 잠에서 깨었다. 소리 나는 쪽을 향해 일어나 흙벽에 붙어 있는 손바닥만 한 유리로 내다보았다. 어두컴컴한 부엌 아궁이 앞에 엄마가 앉아 군불을 지피고 있었다.

나는 잠깐 야릇한 생각이 들었다. '저러고 싶을까? 화도 안 날까?' 아궁이 속 불빛에 비친 엄마는 쓸쓸해 보였다. '엄마란 저런 존재인가 보다.' 그때 처음으로 엄마의 사랑을 느꼈던 것 같아 마음이 찡했다.

네다섯 살 무렵의 일이다. 언니는 엄마 허리를 안고 오빠는 아버지 엉덩이를 안고 울고 있는 걸 유심히 보고 있었다. 울고 있으니 더 싸우는 게 분명했다. 시끄러워서 아기도 깰까 걱정이 되었다. 그래서 나는 뜸 들이지 않고 "더 싸워~!" 하고 소리를 빽 질렀다. 모두 깜짝 놀라 옆으로 나란히 서서 나를 바라보았다. 그때 싸움을 말리는 요령을 터득하게 되었다. 조막만 한 것이 벼락 치는 소리를 내는 바람에 내가 우리 집의 대장이 된 듯했다.

아버지가 술 마시고 오는 날이면, 오빠가 시끄럽다고 잠 좀 자자고 안방에서 아무리 말려도 아버지는 꿈쩍도 없이 계속 떠드셨다. 엄마는 한두 번 말리다 고된 하루의 날개를 접었다.

아, 술이 깰 때쯤 말려야 한다는 걸 알아챘다. 나는 참을성 좋게 듣다가 바로 지금이야! "아버지! 조용히 해에~!" '해~'가 긴 것은 말 안 들으면 초가집이라도 덜렁 들어서 콱 메쳐 버리겠다는 마음속 기세였다. 아버지는 아시는지 아니면 딸이 '아버지' 부르는 소리가 자장가로 들리는지 이상하게 목소리에 힘이 스르르 빠지면서 곧 잠이 드셨다.

나는 남이 싸우면 '에이, 이런 잡것들!' 하며 아주 깡패가 되려 할 때가 있다.

엄마가 가르쳐 준 《꽃밭에서》를 음악책 펴놓고 엄마랑 부르곤 했다. 아빠하고 나하고 만든 꽃밭에 채송화도 봉숭아도 한창입니다. 엄마 냄새가 참 많이 난다. 계절이 돌 때마다 엄마는 새벽녘에 일어나 군불을 한 번씩 지펴야 했다. 덕분에 한겨울에도 추운 줄 모르고 따뜻한 구들장에서 자고 일어났다. 엄마는 옷가지로 머리를 덮고 항상 문 앞에서 주무셨다. 그렇게 엄마는 쓸쓸한 세월의 풍파 속에서 시나브로 메말라 갔다. 성한 데 하나 없어도 엄마는 내 안에 영롱한 새벽별처럼 빛난다.

내가 40대 때 엄마 체력이 급격하게 떨어지자 불안한 생각에 마음이 급해졌다. 쑥스러워 못 했던 '사랑한다'는 말을 써서라도 보내야겠다 싶어 편지로 보냈다. 철없던 시절에 엄마한테 몹쓸 짓을 했던 일에 대해 아직 미안하다는 말은 못 했다.

외로운 눈물을 새벽 아궁이에 뿌리며 타닥타닥 태우던 엄마의 슬픈 새벽별 소리. 자식을 품은 사랑이었다. 엄마를 집을 나가게 하고 사실 잠이 오지 않았다. 미안함에 그저 기다리고 있었다.

어느덧 아궁이 어둠을 밀치고 아침이 밝아온다. 그렇게 엄마의 사랑은 아궁이에서부터 시작되었다. 엄마는 책을 내면 사진 한 장만 꼭 내달라고 하셨다. 그럴게요. 오래오래 지금만큼만 건강하세요. 곧 봄이 오면 진달래가 피겠지요.

노을에 익는 감자

교실, 감자 같은 동그란 얼굴들이 속닥거리고 있는데 반장이 교탁에 서더니 우리에게 쌀을 가져오라고 했다. 불우이웃돕기 때문이었다. 모두 조용했지만, 나는 반장에게 왜 하필 쌀이냐며 버럭 쏘아붙였다. "감자, 옥수수, 콩도 있는데!" 따져 묻고 싶었지만, 침과 함께 꾹꾹 눌러 삼켰다. 괜히 반장에게 화를 냈던 성급함이 먼저 후회되었다. 슬픈 마음으로 돌아오는 길에 문득 좋은 생각이 떠올랐다.

나는 집에 오자마자 쌀독을 들여다보았다. 쌀이 거의 바닥을 드러내고 있는데 푹 퍼서 가져가기는 미안했다. 이제 겨우 쌀밥을 먹기 시작한 지 얼마 되지도 않았는데 쌀을 가져오라고 하니, 막 터진 복을 왠지 빼앗기는 기분이 들었다. 고생하는 엄마, 아버지가 불쌍했다. 그렇게 엄마한테 미안한 생각이 들어서 불우이웃돕기 쌀 얘기는 비밀로 하고, 누런 봉투를 찾아 독 뒤에 숨겨 놓고 내 몫의 저녁쌀을 한 주먹 한 주먹씩 모으기 시작했다.

초등생이었던 나는 늘 저녁 준비를 맡고 있었다. 만만하게 할 줄 아는 건 감자와 호박 반찬이 전부였다. 시골에서 자족하는 건 그것뿐이었다. 내 몫의 저녁 쌀밥 대신, 늘 하던 호박 반찬 대신 감자를 평소보다 더 깎았다. 냄비에 수북하게 썰어 넣고 고추장을 듬뿍 넣었다. 고추장 범벅을 만들어 화롯불에 올려놓고 끓였다.

붉은 노을이 부엌문에 기대서서 침을 꼴깍거리며 구경을 했다. 꼭 아랫집 할머니도 와서 보고 있는 것같이 느껴지기도 했다. 부엌에서 바라보이는 서쪽 하늘도 붉고, 뜨거운 화롯불처럼 부엌도 몸도 마음도 붉게 물들었다. 온통 붉은빛 속에 노을이 익히는지 화롯불이 익히는지 헷갈릴 지경이었다. 아궁이의 붉은 숯덩이도 노을이었다. 그 노을은 마치 나를 위로하는 듯 했다. 그렇게 감자는 노을 속에서 익어갔다.

내 밥이 없다는 사실을 부모님이 보고 걱정하실까 봐, 늦은 저녁 밥상 앞에서 나는 감자 반찬을 바닥에 내려놓고 먹는 연극을 했다. 그런데 아버지가 '이 밥 먹어라, 남는다' 하시면서 아버지 밥그릇을 내 앞에 내밀어 놓으셨다. 나는 아니라고 하면서 다시 아버지 앞에 놓아드렸지만, 또 아버지는 남는다며 먹으라고 했다. 나는 아까 배가 고파서 먼저 먹었다고 거짓말을 하며 밥을 다시 놓아드렸다. 아, 내가 모으던 그 한 줌의 쌀이 무엇이길래 이 사정을 전혀 모르시는 아버지의 사랑이 더 크게 느껴져 가슴이 뭉클했다.

내가 해 지기 전에 밥상을 차려 놓아도, 우리 집은 부모님이 늦게까지 일하시고 들어오시기 때문에 어두운 밤에야 초롱불을 켜놓고 마당에서 저녁을 먹었다. 그렇게 며칠 밤, 나는 감자로 배를 채웠다.

그렇게 며칠 동안 몰래 쌀을 모아 내가 원하는 만큼 모았을 때 학교에 가져갔다.

고추장 범벅 감자 반찬은 노을이 익혀 달착지근하게 더 맛있었다. 노을은 감자 반찬 한다고 나를 위로하는 친구였고, 때로는 길목에서 나를 기다리다 노을빛 사과를 건네주던 모퉁이 집 할머니의 따뜻함이었다. 그 맛은 먹어본 사람만 아는 것이겠다. 고추장 범벅 감자 반찬을 제일 먼저 맛을 본 노을과 나는 맛이 최고라며 좋아했다. 노을은 나의 선의를 칭찬하듯 지켜보고 벌건 침을 질질 흘리곤 했다.

어린아이의 서툰 연극을 아무도 몰라주는 것이 처음에는 섭섭하기도 했지만, 아버지가 알아주시는 것 같아 마음이 풀렸다. 지금은 노을처럼 잘 익어 하늘나라에 가셨지만, 나는 그날 아버지에게서 세심하고 지극한 가족 사랑을 보았다.

노을의 위로로 하루같이 다디달게 두 세배로 먹었던 그날의 고추장 범벅 감자 반찬이, 오늘도 서산 노을에 붉게 익고 있다. 아버지처럼, 그 노을처럼, 나도 잘 익고 싶다.

노을은 희망이다.

배우가 될 뻔한 나의 운명! 독종

"제 날짜에 나왔으면 탤런트가 되었을 텐데."

엄마의 그 한마디에 "뭐야, 엄마. 날짜를 넘겼다고?" 내 질문에 엄마는 밭에서 일하다 배가 아파 집에 와서 저녁 해 먹고 낳았다고 대수롭지 않게 말했다. 아팠다는 말은 귓등으로 듣고 "에이, 엄마 좀 참지 그랬어!"라며 철없는 소리를 했다. 엄마는 기가 막힌 듯 "네가 한번 참아봐라!"라고 핀잔을 줬다. 그러자 나는 지지 않고 "거꾸로 좀 서 있지!" 라고 농담을 건넸다. 그러자 곧바로 엄마의 날카로운 잽이 날아왔다. "빌어먹을 년, 네가 해 봐라!"라고 소리쳤다. "호호호, 엄마는 딸이 빌어먹으면 참 좋겠다!" 우리는 그렇게 깔깔거리며, 나의 운명에 대한 첫 이야기를 시작했다.

옆에 계시던 아버지께 내 생일이 이른 봄인데 왜 호적은 늦냐고 여쭤보았다. 아버지는 "네가 있나 없나 확인하러 면에 가봤더니 없어서 그날 호적에 올렸다."라고 말씀하셨다. 며칠만 늦었어도 두 살이나 늦어질 뻔한 순간이었다. 하지만 언니가 이야기를 듣고 침묵하고 있다가 나중에 진짜 그 자초지종을 내게 말해주었다. 내가 살 수 있을지 없을지 지켜보느라 늦은 것이라고 했다. 태어날 때부터 죽은 사람처럼 너무 조용해서, 엄마는 늘 청진기처럼 내 가슴에 귀를 대어보셨다고 했다. 언니 역시 그 모습을 보고 따라 하곤 했다니, 나는 기억조차 없지만 숨 쉴 힘도 꼼지락거릴 힘도 없었나 보다.

첫째 딸이 죽은 후, 언니마저 심한 경기를 하자 엄마는 언니를 멍석에 말아 윗목에 두었는데, 다행히 꿈틀거려 살릴 수 있었다고 했다. 남아 선호 사상이 강했던 시절이라 오빠와 두 남동생은 태어나자마자 바로 호적에 올랐다고 한다. 결국 나의 운명은 시작부터 생사의 기로에 놓여있었다.

엄마 말을 듣기 전에 나는 이미 연극인이 되고 싶었다. 라디오를 늘 끼고 살았던 나의 배우의 꿈은 초등학교 첫 수업 시간에 와르르 무너졌다. 수업 내용은 라디오 속 사람들이 하는 공부가 아니었고, 나는 다시 죽은 사람처럼 조용해졌다.

"아이, 졸려, 자야 해."라고 하며 내가 누우면 언니는 "아이고 참, 자다가 태어났나! 잠, 잠, 잠!" 한다고 놀렸다. "기억은 안 나. 엄마 뱃속에서 더 자고 놀다 나와야 했는데 미리 나왔으니 더 자야 하지 않겠어?" 언니는 내 말에 웃으며 "호호, 그 말도 맞겠어. 운명이 바뀌었으니 망정이지 그 조건에 무슨 배우니."라고 말했다. 나는 지지 않고 "어머, 그런 소리 마. 중학교 때 친구들이 나보고 코미디언 해보라고 했어."라고 응수했다.

그러자 언니는 다시 "아우, 독종!"이라며 혀를 찼다. "왜 내가 독종이야?" 하고 묻자, 언니가 학교 가려는데 울어대서 학교를 못 간 적도 있다고 했다. 그냥 울면 되는데 숨넘어갈 듯 악을 쓰며 울어서 아버지가 언니에게 애를 보라고 해 공부를 못 했다고 했다. 어쩌면 그때 자연스럽게 터득한 것일까? 나는 많이 울면 산소 부족으로 몸이 저리며 쓰러진다는 것을 안다. 그래서 자존심이 상할 때 그 방법을 써먹은 적도 있었다. 태어날 때부터 나는 화려한 외출로 생사의 기로에 섰었나 보다.

내가 중학교 때 일이다. 연탄가스를 마시고 뻣뻣하게 굳은 나를, 엄동설한에 마당에 내놓았다가 얼어 죽을 것 같아 방으로 다시 들였다고 한다. 엄마는 이 집 저 집으로 뛰어다니며 도움을 청했다고 했다. 다음 날 아침에 깨어나니 머리가 아팠다. 얼굴은 뭔가 한 겹 입혀 굳어서 미끈거렸고, 머리카락은 빳빳했다. 학교에 갔지만 선생님이 집으로 가라고 해서 다시 돌아왔다. 이 모든 일은 나에게 아무런 기억으로 남아있지 않다.

운명이 바뀌어 배우가 아닌 평범한 사람으로 살고 있으니, 돌이켜 보면 얼마나 다행인지 모른다. 그러고 보면 나는 독종답게 연극 한 편을 잘 해냈다는 생각이 든다. 죽은 척하며 힘을 비축했다가 악착같이 살아나 호적에 입적되었으니 말이다. 아마 그 고난이 어려운 상황들을 넘기는 데 큰 덕이 되지 않았나 싶다.

어릴 적 나는 별명이 많았다. 누가 내 머리라도 만지면 땡삐처럼 달려들었다고 해서 '땡삐', '독종', '별종', '말괄량이 삐삐' 등등. 내성적이면서도 왈패, 이 네 가지 역할을 거뜬히 해냈으니 지금의 내가 있는 게 아닐까. 살아남는 것이 최고다. 산다는 것은 감격이고 흥분이다. 주어진 삶을 최선으로 살아내야 한다. 바로 내가 이 무대의 주연이다.

거미 원숭이

봄이 왔다. 창문을 활짝 열어젖혔다.

긴 겨울 추위에 찌든 베란다 화단을 씻고 닦고 새로 꾸몄다. 야생 덩굴 식물 메콩도 캐다 심었다. 타고 올라가게 줄도 만들어주고 감아주기까지 했다. 그런데 메콩 한 줄은 감아주어도 자꾸 머리를 거꾸로 하고 내려왔다. 참 희한한 일이었다. 해가 위에 있는데 왜 머리를 땅으로 할까. "너희들도 실갱이를 하니?" 자연의 법칙이 있는 모양이구나. 좁아서 답답도 하겠다 싶어 너희들 질서대로 살라 두고, 안쓰러워 옆에 줄 하나를 더 매 주었다. 식물들이 잘 자랄 무렵, 거미 한 마리가 들어와 그 덩굴 줄 사이, 열린 창문 한가운데에 어느새 집을 지었다. "이 고층에서 뭘 먹고 살 거니?" 7층 베란다 화단에서 무슨 사냥을 하겠다는 건지, 한참을 바라보았다. 밖으로 보내야 할지 망설이며 고민 중인데 유심히 보니 마치 자연을 옮겨놓은 듯 거미집 뒤로 하늘이 있고 산도 있어 제법 근사했다. 딱딱하고 무표정한 아파트 베란다 화단이 한 폭의 멋진 풍경화같이 생기발랄해졌다. 그렇다고 반갑지만은 않다. 애완용으로 키우며 먹이를 줘야 할지, 스스로 해결하도록 해야 할지. 기다려주기로 했다. 매일 지켜보았다.

거미는 내가 앞에서 왔다 갔다 하며 보거나 말거나, 아기처럼 몸을 웅크린 채 미동도 없이 무슨 생각에 빠졌는지 꼼짝도 않았다. 그날부터 아이처럼 숨바꼭질이 시작되었다. 창틀 뒤에 숨거나 마룻바닥에 돌처럼 앉아 감시 체제에 들어갔다.

“언제쯤 저 벼랑 그물이 먹이를 낚을까?”

하루 이틀 사흘…. 해와 달은 나만 빼고 모두 태평한 듯 어슬렁거리며 지나가는데 나는 목마른 거미가 되었다. 혹시 웅크린 채 미라가 되어가는 건 아냐? 안달복달하다가 더 이상 참기 힘들던 오늘은, 외출하고 들어오자마자 거미 앞에 그냥 털썩 주저앉았다. 그러자 거미가 나를 먹잇감으로 봤는지, 줄을 타고 출렁거리며 아래를 향해 뽀르르 내려왔다.

와, 살아있네! 살아있어! 소리치며, 너무 기쁜 나머지 폴짝 솟아오르듯 개구리처럼 뛰어 휴대전화를 가지러 재빠르게 내 방으로 갔다. 친구들 카톡방에 들어가 “얘들아, 우리 집 거미 원숭이가 재주를 부려~” 하고 올렸다. 얼마 후 “어머 원숭이 키우니? 좋겠다.” 카톡이 왔다. 나는 혼자서 배를 잡고 뒹굴며 웃어댔다. 너무 우스워 가슴과 얼굴을 살짝 치고 나서야 겨우 웃음을 멈출 수 있었다. 그런데 다음 날이 문제였다. 세상에, 친구들이 몰려왔다. 현관에 들어서자마자 내 안부는 묻지도 않고 “원숭이 어디 있어?” 하며 변명할 새도 없이 모두 베란다로 우르르 달려가는 게 아닌가. '설마 속겠어' 하고 방심했던 나는 당황했다. 베란다 양쪽을 두리번거리며 찾았다. 원숭이를 가정집에서 누가 그렇게 키운다고 그걸 믿을까 싶었다. 장난이라도 농담을 함부로 하는 게 아니라는 걸 늦었지만 깨닫게 되었다. 애나 어른이나 동물들을 참 좋아한다는 것을 알았다. 함께 살지 못해 신기하고 우리와 다른 동물을 좋아하는 그 심리를 이용해 동물원이 생겼겠지.

베란다로 고개를 내밀고 기대감에 부풀어 있는 친구들의 뒷모습을 바라보았다. 사실조차 말하기 어려웠다. 그래서 나는 하는 수 없이 손가락을 가리키며….

저기, 거- 미- 원- 숭- 이-

나는 다시 거짓말을 했다. 힘이 들어가 있던 친구들 뒷모습에서 맥없이 힘이 빠졌다. 실망감은 커 보였다. 내가 원숭이를 보러 오라고 명확히 말한 것도 아니었다. 그저 거미가 움직인 것에 감격한 나머지 없는 것을 부풀렸을 뿐인데, 예상치 못한 일이 벌어지고 말았다. 친구보다 동물에 더 관심을 갖고 왔는데…. 내 환희만큼 친구들도 기대감을 가지고 왔을 텐데, 내가 그 기대감을 망쳐서 깊은 수렁 속으로 가라앉게 하는 순간이었다. 한참 동안 멍하니 미지근한 침묵의 시간이 흘렀다. 어떤 위로도 할 수 없었다. 친구들이 들이닥쳤을 때 피어있던 메꽃이 떨어지는 듯했다. 봄이 가는 소리였다. 그렇게 친구들이 떠나가자 이젠 무슨 말을 해도 믿지 않을 것 같았다. 가슴에 무거운 바위 하나 들어앉았는데 자꾸만 양치기 소녀가 달려와 "농담도 함부로 하면 안 돼요. 안

돼요." 소리쳤다. "그러게 말이다." 양치기 소녀의 목소리와 친구들이 말없이 떠난 후 고요함과 내 후회와 무거움이 뒤섞였다.

그리고 이틀 뒤, 속아줘서 고마우니 내가 밥 쏠게. 도자기 공원 정문에서 12시 30분에 만나자고 했다. 밥 먹고 나면 친구인 나보다 더 좋다고 달려왔던 '그놈의 원숭이' 대신 공원에서 늘 살고 있는 멋진 진돗개 한 마리와 커다란 외계인 아저씨를 보여주겠다고 했다. 조각 작품 인증 샷까지 찍어 보냈다. 우린 다시 깔깔거렸다. 친구들의 "오케이!"에 내 파리했던 심장, 그 거룩한 기쁨이란. 호호호, 뛰었다.

눈싸움

훨훨 내리던 눈이 그치고 수업도 끝나자 내 마음에 눈꽃이 피었다. 교실을 나간 선생님을 놓칠세라 나는 잽싸게 일어나 겅중거리며 뒷문 쪽으로 뛰어갔다. "선생님 눈싸움해요?" 선생님은 "그래." 흔쾌히 승낙해 주셨다. 나는 신이 나서 얼씨구절씨구 자리로 돌아와 '선생님이 눈싸움하재.' 속삭이듯 친구에게 "빨리 가자!"라고 했다. 우리는 운동장으로 내달렸다.

선생님은 교무실을 등지고 서 계셨고 친구는 왼쪽에, 나는 선생님 정면인 교실 창문을 바라보고 섰다. 친구와 선생님은 바로 눈싸움이 시작되었다. 친구는 선생님에게 던지고, 선생님은 나한테 던지시는데 나는 어떻게 감히 제자가 선생님께 눈을 던질 수 있을까 고민에 빠졌다. 스승의 그림자도 밟지 말라 했는데 난감했다. 선생님의 눈덩이는 자꾸만 날아오는데 나는 여전히 눈만 만지작거리고 있었다. '어, 이러다간 얻어맞기만 하겠네.'

그래도 눈만 집어 더 크게 꽁꽁 뭉치기만 할 뿐이었다. 교실에선 애들이 창밖을 내다보고 있었다. '이거 망신살이 뻗쳤구나. 어쩌지?' 그렇게 눈만 만지작대며 쭈뼛거리고 서 있는데 무엇인가 잊고 있다는 생각이 들었다. '선생님이 승낙하셨잖아!' 그래, 우리는 진짜 싸움을 하는 게 아니었다. 선생님 눈덩이가 계속 나한테 날아오는 걸 보면, 눈싸움을 하자고 한 사람에게 행복한 눈덩이가 오는 거였다. 친구는 선생님한테 던지는데 나도 던지면 결국 2 대 1 게임. 에이. 나도 모르겠다! 용기를 내 꽁꽁 뭉친 돌 같은 정을 선생님을 향해 힘껏 휙 던졌다. 아뿔싸! 세상에 이럴 수가.

아, 이를 어째? 어쩜 딱 한 번 던진 것인데 이게 웬일인가! 선생님 귀에 하얀 귀마개가 생겨 있었다. 한 방의 홈런에 나는 그만 창백한 얼음 눈사람이 되어버렸다. 제자의 마음을 담아 뭉친 눈이 얼마나 단단했으면, 놀란 가슴에 모든 것이 정지된 상태인데 선생님만 고개를 옆으로 돌리고 계속 눈을 떼어내고 계셨다. 겁이 났다. '귀 고막을 다쳐서 못 고치면 어떡할까. 우리 집을 팔아도 못 고치면….' 걱정이 태산 같아졌다. 내 마음을 가장 무겁게 하는 것은 역시 선생님 귀를 다치게 한 거였다. 돌 같은 눈에 맞았으니 염려가 먹구름처럼 몰려왔다. 낭패감이 들었다.

얼음이 된 나는 선생님께 죄송해서 어기적어기적 앞으로 가 "선생님 괜찮으세요?" 하고 물어보자, 갑자기 선생님이 헐크로 변하더니 눈을 뭉쳐 내 목 속으로 넣으려고 했다. 나는 있는 힘을 다해 교복 안 폴라티를 꼭 잡고 친구를 불러댔다. "정숙아, 살려줘! 정숙아, 살려줘." 친구는 우두커니 서서 보기만 했다. '정숙아~ 누구를 위하여 종은 울리나.' 띠

리링 게임 오버를 알리는 수업 시작종이 울렸다. 한숨 돌리고 무거운 발걸음으로 교실로 들어와 책상에 앉은 나는 좌불안석이었다. '귀는 어떤 상태일까.' 다음 수업도 같은 선생님이라 오래 기다리지 않아 그나마 다행이었다. 교탁에 서신 선생님이 풀 죽은 나를 보고 환하게 웃으셨다. 그제야 스르르 귀 마법에서 풀려 살아났다.

나는 이 사건이 있기 전 여름에도 선생님 하숙집으로 향했었다. 조금 열려 있는 대문 사이로 고개를 고양이처럼 빼꼼히 들이밀고 눈알을 굴려보았다. 큰 마당 한구석에 수도가 있고 선생님 방은 그 앞에 있었다. 하숙집 방문들이 나를 가만히 지켜보고 있었다. 내 편인 것처럼 느껴졌고, 마침 영어 선생님은 낮잠을 자고 계셨다. 그때 번뜩 좋은 생각이 떠올랐다. 쾌재를 부르듯 살금살금 뛰어가 수돗가에 있는 양은 세숫대야를 뻥 찼다. 덜그렁. 뒤따라 친구가 달려와 뻥 찼다. 그리고 우린 잽싸게 도망을 쳤다. 우리를 본 것은 파란 하늘과 문들뿐이었다. 도망가는 우리 모습을 선생님이 아셨다 해도 나는 모르쇠 하기로 했다. 다음 날 정말 아무렇지도 않게 책상에 앉아 있었다. 선생님은 웃는 얼굴로 출석을 부르고 난 후에도 나를 보고 계속 웃으셨다. "제 얼굴에 뭐 묻었어요?" 하고 묻고 싶은 마음이 근질근질했었지만 되바라진 것 같아 시치미를 뚝 떼고 있었다. 아무 일은 없었지만 여름이 가고 겨울이 와 눈이 내리자 나는 또 눈 사고를 친 거였다.

선생님과 연배가 비슷한 좀 더 멋진 사촌 오빠가 있었다. 그래서 낮

설지 않았다. 나는 조금 조숙하고 지독하게 내성적이면서도 외향적인 개구쟁이였다. 그래서 나의 작은 관심과 사랑이 하얀 눈 위에 먹물을 뿌릴 뻔했던 일이었다. 눈의 향가가 있듯이 마음에 고여 있는 따뜻하고도 서늘했던 그날의 일이 생각나니 다시 한번 해보고 싶어졌다.

시골 중학교에 검은 머리로 부임해 오셨던 선생님은 어느덧 하얀 백발이 되셨고 그 친구는 오래전에 하늘나라로 떠났다.

오늘 귀한 눈이 쏟아지는 아침, 창밖을 보고 있자니 함께 놀았던 단짝이 나를 보고 하얀 미소를 짓는다. 그 옛날 바짝 졸아 걱정하고 행복했던 추억이 씨익 웃으며 떠올랐다. 나는 장난꾸러기라 선생님들을 잘 놀렸다. 친구는 여우 같은 영어 선생님을 오늘도 웃겨달라고 쪽지를 보내오기도 했다.

눈 위에 선생님의 이름과 친구 이름을 적고 하트를 그려 보았다. 친구가 있으면 벌써 선생님을 찾아뵈었을 텐데. 짝꿍이 없으니 쿵짝이 안 맞아 재미가 없다. 그래도 짓궂었던 그날이 반짝반짝 맴도니 흥분으로 빛난다. 요즘은 눈도 보기 힘들다. 펑펑 많이도 내리던 대관령 하늘 아래 첫 동네에서, 제자와 선생님의 눈놀이는 눈놀이로 한 정다운 대화였다.

그날 아침에도 눈이 펑펑 내리고 있었다.

그 아름다운 어린 학창 시절 내 장난기가 더없이 따뜻하고 고마워 미소가 인다.

그곳에 담겨 있다

유년의 흑백 사진을 골똘히 들여다보았다.

시골 허름한 집, 방문 앞에서 아기를 안고 있는 엄마와 남동생이 앉아 있고, 그 가운데 대여섯 살 남짓한 내가 쪼그리고 앉아 뱅싯이 웃고 있다. 아버지는 어디 가셨는지, 아버지의 하얀 고무신만 들떠 엄마를 향해 있고, 또 한 짝은 뒤처진 채 삐딱하게 폼을 잡고 있다.

한참 보던 사진을 내려놓고 나가려는데 "야, 저기 옛날 살던 곳에 한번 가보자."라며 엄마가 일어섰다. 친정에 오면 안 그래도 유년이 담겨 있는 두메산골을 기웃기웃 바라보곤 했다. 나는 약속은 미루고 차를 몰았다. 초등학교 6학년까지 살고 중1 때 시내로 이사를 나왔으니, 40년 만의 첫 방문이다.

이미 달라진 모습은 알고 있었지만, 막상 마을 입구에 도착해 들어가려니 긴가민가해서 잠시 주춤거렸다. 엄마는 아니라고 했지만 나는 맞다며 강 다리에 올랐다. 강은 깊지 않아서 물장구치며 개헤엄 치고 다이빙도 하고 난 후에는 바위에 덧칠을 하듯 옷을 펴 놓고 알몸으로 햇살을 맞으며 몸을 말렸다. 우리와 바위는 또 하나의 풍광이었다. 하지만 강바닥이 엉성하기 짝이 없게 드러나 있었다. 그렇게 넓게 보였던 강폭은 지금 보니 옹색하게 좁아 보였다. 새로 놓은 콘크리트 다리를 건너자 눈에 익은 작은 옛길이 반겨주었다. 마침 친척 아저씨가 밭에 계셨다. 참으로 오랜만이었다.

들판이 모두 밭으로 변해있었다. 가슴 가득 실망감만 교차했다. 황량하게 변해버린 고향의 모습이 싫어서 얼른 등을 돌렸다. 풀밭은 그냥 두지 왜 훼손시켰냐고 볼멘소리를 하고 싶었지만, 내 자신에게 '너는 왜 못 지켰냐'고 되물으며 못마땅한 속내를 감추고.

"아저씨, 산은 낮아지고 집들은 작아지고 풀밭은 온통 밭이 되었네요." 아저씨는 아무 대답이 없었다.

"아저씨 이 집이 옛날 그때 그 집이에요?" 뒤뜰 참나무가 나를 알아보고 웃었다. 나는 "와, 너는 살아있구나!"

아저씨는 "그래, 그렇지. 옛날 그대로지. 방도 그대로야."

"여기가 누워 잤던 방이라고요?"

어쩌면 그렇게 작은지. 재보고 싶었다. 내가 누우면 방이 더 작을 것 같았다. 아저씨는 옆을 가리키며 "저기 저 집은 새로 지은 집이고. 사는 건 저기서 살지."

내가 살던 맨 끝 집으로 갔다. 도랑에서 빨래를 놀이처럼 하고 도랑을 쳤다. 가재가 못 내려가게 돌을 쌓아 막았다. 금빛 물속에는 가재, 송사리가 나와 놀고, 가재 꽁지에 오글오글 거리던 새끼 한 마리가 어미 등에 붙어 있기도 했다. 나는 언덕길을 보며 돌아섰다. 언덕길 풀을 묶어놓고 아이들을 도미노처럼 넘어지게 하고 모르는 척 내려왔던 일. 내가 머리에 세숫대야를 쓰고 막대로 두드리며 노래 부르고 놀던 풀밭. 그 풀밭 여지 저기 웅덩이에는 도롱뇽 알, 올챙이, 파란 하늘도 있어 쪼그리고 앉아 들여다보면 내 얼굴도 있었는데…. 그 꿈속 같은 광경들은 온데간데없고 헐벗은 고향을 보니 슬픔이 끓어올랐다. 돌아오는 길에는 그 유년이 뒤따라오고 있었다.

어느덧 강 다리 앞에 다다랐다. 학교 갈 때는 외나무다리가 끝까지 잇대어 있지 않아 돌 위로 건너뛰고 물이 불으면 아버지들이 안아 건네주었다. 초등학교 3학년 때쯤 예쁜 나무다리가 생겼고, 다리에 누워 바다로 가는 꿈을 꾸었다. 다리가 미래의 발전을 나타내는 암시였다.

풀 냄새, 물 냄새로 싱그러웠던 고향도 변하고, 시내는 타지인들이 들어와 살고 있다. 옛사람들도 떠났고, 왠지 고향의 향기가 낯설고 쓸쓸하지만, 낯선 틈새로 보이는 어린 시절 스케치한 일들이 주마등처럼 떠올랐다. 생기발랄했던 산천은 빛을 잃었지만, 마음은 자꾸 외친다.

그 강에 다시 들고 싶고
그 흙에 눕고 싶고

그 하늘을 올려다보고 싶고
그 아이들과 다시 뛰놀고 싶다. 보고 싶다.

옛날 그 강가를 따라 높은 빌딩들이 우후죽순처럼 솟아 있다. 예전처럼 깔깔거리며 놀 수 있는 강은 그려지지 않고, 현대화의 상징들만 가득하여 오히려 쓸쓸해 보인다. 자연과 문명이 공생할 수는 없을까. 다행히 물속에 잠긴 건 아니고, 뛰놀며 자랐던 넓은 품, 그곳을 어찌 꿈엔들 잊으리요. 높았던 산, 넓었던 강은 그대로지만 훌쩍 자라서 와 보는 고향의 맛은 참 시리다. 이제 고향은 내 기억 속에 남아있는 유년 한때의 풍경일 뿐. 가난했던 것도 아름답게 다가오는 내 마음의 풍경이라 정지용의 〈향수〉를 흥얼거리며 풀밭에서 솟아 나오던 순수한 행복을 그리워한다.

호랑이 굴에서 엿본 세상

중학교 때 호랑이 같던 교장 선생님이 떠올랐다. 교실 옆 작은 운동장에서 남학생 몇 명과 여학생들이 함께 배구를 하던 중이었다. 한창 재미있어지려는데, 복도 끝에서 교장 선생님이 우리를 응시하고 계셨다. 순간 긴장감이 감돌았다. 영어 선생님도 계시니 괜찮을 거라 살짝 기대하며, 그냥 지나가시길 바랐다. 하지만 교장 선생님은 결국 우리를 향해 무거운 목소리로 "이놈들, 공부는 안 하고. 배구는 무슨 배구야. 여학생들은 나를 따라오너라."

우리는 쫄레쫄레 교장실로 향했다. 교장 선생님은 한 명 한 명에게 "공부할 거야, 안 할 거야?" 물으셨다. 친구들은 모두 "예" 대답하고 꾸벅 인사를 하고 '호랑이 굴'을 빠져나갔다.

마지막 내 차례가 왔다. 속으로 '때는 이때다' 싶어 아주 당당하고 떳떳하게 "안 할 거예요."라고 대답했다. 그 순간, 스파르타식 교육으로 유명했던 선생님의 작은 눈이 커졌다. 움찔하시는 모습에 나조차 깜짝 놀랐다. 내심 선생님께서 왜 공부를 안 하느냐고 꼬치꼬치 캐물으시리라 예상했지만, 의외의 대답이 돌아왔다. "그럼, 공부하기 싫으면 여기서 한 시간 손 들고 서 있어."

교장 선생님이라 다를 줄 알았는데, 더 묻지 않으셨다. 어차피 공부할 것도 아닌데, 차라리 교장실이 더 좋았다. 선생님은 나를 '참 이상한 녀석'이라는 듯 바라보시더니 문을 닫고 나가셨다. 나는 곧바로 손을 내리고 교장실을 구경하기 시작했다. 교실에서 걱정하는 것보다 다른 세상을 보는 기분이었다. 교장실이 퍽 마음에 들었다. 옻칠한 책상 색깔과 책장에 꽂혀있는 책들, 그 분위기에 압도당했다. 사회 선생님께서 "시집 안 간다."라고 청개구리처럼 대답하던 대로 교장 선생님께도 거짓말을 했다. 내 속사정을 솔직하게 말하고 싶어 "안 할 거예요."라고 했는데, 더 이상 질문하지 않으셔서 실망감이 들었다.

서재가 좋았지만, 내 시선은 책들에 멈췄다. 부럽긴 한데 막상 책 제목은 외면했다. 글자가 불편하고 미워서, 교장 선생님이 어떤 책을 보시는지 궁금하면서도 대충 뭉뚱그려 보고 말았다. 지금도 가끔 그 책장 속에 꽂혀있던 책 제목들이 무엇이었을까 궁금하다.

공부해야 이런 서재를 가질 수 있다는 생각이 들었다. 은근히 존경하던 엄숙한 교장 선생님의 서재를 보며 "꼭"이라는 단어를 한 시간 동안 사무치게 되뇌고 마음에 새겼다. 언젠가는 이런 서재를 꼭 가질 거라고.

시험을 잘 보려고 책을 찢어 먹었다는 우스갯소리처럼, 나도 태산이 되어버린 밀린 공부를 그렇게라도 머릿속에 저장하고 싶었다. 친구들에게 "너희는 어디서 한글을 배웠어?" 모두 "학교에서"라고 답했다. "뭐야!" 초등학교 입학 때 모두 아는 줄 알았는데. 그때야 선생님이 네모 칸 숙제 노트에 빨간 동그라미를 쳐 주시면 아이들이 왜 환하게 웃었는지 알았다. 그게 바로 모르는 것을 배우는 즐거움이었고, 나는 아는 것을 복습하는 즐거움을 몰라 답답했던 것을.

삶을 포기하고 싶을 때, 내 속에 웅크리고 억울하게 눌려 숨 쉬지 못하던 글자들이 써야 한다고 심장을 마구 두드렸다. "글씨가 나가야 해! 공부하기로 약속했잖아!" 포기한 적은 없지만, 선생님들조차 좀처럼 방법을 알려주지 않았다. 아니, 내가 용기를 내지 못했다. 머릿속에서 글자들이 뒤섞여 깨춤을 출 때, 어떻게 해야 할지 몰라 지고 있었다.

커서 결혼하면 저런 선생님 같은 분과 하겠다고 했던 수학 선생님도 내게 관심을 주셨지만, 먼저 물어볼 용기가 없었다. 왜 공부 안 하냐고 묻지 않는 선생님이 싫었었는데, 그래도 선생님들이 언제나 내 인생의 '좋은 롤 모델'이었다.

남학생들과 함께 뛰는 모습이, 그 당시에는 곱게 보이지 않았다. 처음엔 여자만 따라오라고 하셨을 때는 남녀 차별 대우 아니냐며 구시렁거렸지만, 삶의 방향조차 잡지 못할 때 엄숙했던 교장 선생님의 책들이 나를 일깨워 주곤 했다. 내가 치명적인 실수를 한 것은, 무지갯빛 구상이 무너지고, 환경의 벽을 뛰어넘지 못해 좌절감에 미래를 제대로 준비할 엄두조차 내지 못했다는 점이다. 그래도 어둠에 갇혀있던 작은 아이는 내 속에서 빛을 잃지 않고 있었다.

그 교장실 분위기는 아니지만, 지금 꿈꾸던 서재를 꾸미고 이렇게 앉아 워드를 두드리며 옛이야기를 할 수 있다는 것이 좋다. 한 시간 수업 대신 교장실에서 벌을 받지 않았더라면, 그 서재를 보지 못했더라면, 내 속에서 무언가를 쓰고 있던 반짝거림을 잊어버렸을 수도 있지 않았을까? 호랑이 선생님의 무엇이 내 마음을 끌었는지 떠올려 보면, 체육 수업이 끝나고 나면 철봉 밑 모래를 고르시던 모습이며, 우리를 바라보는 시선에서 아버지의 마음이 전해졌기 때문이다. 그래서 그때 그 놀란 교장 선생님의 표정은 지금도 잊을 수 없이 선명하다.

내 별명 서커스처럼 웃기면서도, 외로운 공중 외줄을 타던 인생길이었다. 외줄에 매달린 시린 눈물은 덧없이 위태롭게 흘렀지만, 이제는 소리 높여 외치고 싶다. 인생은 참으로 살아볼 만하다고, 진심을 다해.

날카로운 첫 키스의 추억과 밀린 뽀뽀

결혼 적령기를 한참 넘어서야 선을 보았다. 그의 첫인상은 중학교 때 영어 선생님과 흡사했고, 순수해 보여 마음에 들었다. 밀고 당기는 '게임'을 할 필요도 없었다. 우린 결혼을 전제로 세 번을 만났고, 더 신뢰를 쌓기 위해 서해에 꽃게를 먹으러 갔다. 기대했던 꽃게는 잘 잡히지 않아 해물탕으로 대신했고, 바닷가를 거닐다 보니 돌아올 때 길은 이미 저녁이었다.

말없이 운전만 하던 남자가 불쑥 "월미도에 갔다 갈까요?"했다. '이 밤에 웬 월미도? 놀이공원도 끝났을 텐데.' 나는 아무 대답 없이 차창 밖만 내다보았다. 멀리 '월미도'라는 글자가 보였다. 밤 9시가 넘은 시간, 컴컴한 고속도로를 달리는 차는 우리 차와 뒤따르는 경찰차 한 대뿐이었다. '이상한 남자 아니야?' 의문이 들 때쯤, 남자는 월미도 진입로에 차를 세웠다.

침묵은 길었고, 야심한 밤, 낯선 설렘이 차 안에 가득 찼다. 그가 천천히 몸을 돌려 내게 입술을 내밀던 순간. '똑똑' 날카로운 노크 소리가 창문을 찢었다. 심장이 덜컥 내려앉았다.

남자가 창문을 내리자 어둠 속에서 "빨리 가세요."하는 목소리가 들렸다. 뒤에 오던 경찰차! 혹시나 하는 마음에 얼른 의자를 뒤로 조금 넘겨 얼굴을 가렸다. 남자가 대답할 때 나는 부끄러움에 얼굴을 완전히 숨기려고 등받이를 조금 더 뒤로 젖혔다. 그런데 맙소사! 등받이는 경계마저 잃고 내 몸과 함께 뒤로 '벌러덩' 완전히 넘어가 버리고 말았다.

첫 키스 대신 나는 뒤집힌 바닷가재 꼴이 되었다. 우스꽝스럽고 황당해서, 옆의 남자보다 나 자신이 더 창피했다. 이 황당한 상황을 어찌할 줄 몰라 그냥 넘어간 채 누워 있었다. 남자는 느긋한 목소리로 "갔어요."했다. 만해 한용운 시 〈님의 침묵〉에서 '날카로운 첫 키스의 추억은 나의 운명의 지침을 돌려놓고'라고 노래했는데, 우리에게는 이 황당한 해프닝이 운명의 지침이었다. 결혼이 늦은 나이의 우리를 원조 교제로 오해하고 경찰이 의도적으로 따라온 모양이었다. 예비부부에게 짓궂은 경찰관의 호령에 그만 어색한 데이트를 하고 시든 풀처럼 헤어졌다.

석 달 뒤 우린 결혼식을 올렸다. 시험관 시술을 통해 아이를 얻으라는 응답이 있었으나, 키울 자신이 없어, 결국 아이를 갖지 않기로 결정했다. 나는 그 일로 하나님을 원망하지 않겠다고 고백했다. 대신, 학업을 하라는 응답을 받았다. 그렇게 늦깎이 대학 생활이 시작되었고, 더불어 문학의 길까지 걷게 되었다. 남편도 쾌히 응원해 주었다. 그렇게 내가 바쁘다 보니 우리는 사랑하는 방법에는 깜깜이었다. 10년이란 세월이 훌쩍 지나가 버렸다.

어느 날, 텔레비전을 보다가 드라마 속 뽀뽀 장면을 보고 남편 옆구리를 찔렀다. “왜 우리는 저렇게 뽀뽀를 안 해?” 남편은 미소를 지으며 “그래, 하자!”라고 하면서 입을 딱 벌리고 내 입을 덮었다. 밀린 뽀뽀는 그렇게 하는 거냐고 나는 낄낄거렸다. 다음 날 회사에 다녀온 남편은 나 때문에 감기에 들었다며 코맹맹이 소리로 타박했다. 내가 감기에 걸린 걸 깜빡했다.

서너 해가 흐른 뒤, 또 뽀뽀하는 장면이 나오자 아쉬운 마음이 들었다. “자기야, 정말 우리는 뽀뽀 한 번 제대로 못 해 봤네. 아쉽다~” 그런데 남편은 전과 달랐다. 아무 대꾸가 없다. 그새 할아버지가 된 듯싶었다. 나는 옆집 노부부가 손을 잡고 다니시는 게 부러웠다. 뻔뻔해지는 아줌마란 이름에 기대 남편 손을 잡고 몇 발을 떼었을 때 옆집 어르신 내외가 앞에서 오고 계셨다. 서울 토박이라 감정 표현을 잘할 줄 알았던 남편은 “거봐!” 하며 내 손을 획 뿌리쳤다. “제 아내가….” 하며 인사를 하는 게 아닌가. 감정 표현을 금기시하고 음전해야 올바르다는 정서적 세뇌를 받은 세대라 남편은 조심스러워했다.

25년. 어쩌면 그날 밤, 경찰의 노크 소리와 벌러덩 넘어진 의자가 우리 사랑의 첫 키스이자 마지막 트라우마가 된 건 아닐까. 우리는 사랑을 나누는 대신 ‘별 탈 없는 평안’이라는 딱딱한 껍질 속에 숨어버렸다. 이 무탈함이 실은 무관심과 다름없는 것은 아닐까.

바쁜 핑계로 점점 마주 앉아 이야기할 일은 적어지고, 어느 날 남편이 "심심하다."라는 말을 툭 내뱉었다. 그 무거움이 와닿았고 미안한 마음이 들었다. 아이 없는 삶이 많이 적적했나 보다. 요즘 부쩍 소파에 등을 대고 축 처져있는 남편. 퇴임 후에도 일을 하느라 힘든 기색이 역력하다. 텔레비전을 보면 가서 공부하라고 건조하게 말한다.

그날의 황당했던 '날카로운 첫 키스'는 결국 25년 결혼 생활의 '걸림돌'이 되어 깊은 침묵을 낳았다. 하지만 이제는 그 걸림돌을 '디딤돌'로 만들 차례다. 남편의 축 처진 어깨와 "심심하다."라는 그 쓸쓸한 한마디가 나를 깨운다.

더 늦기 전에, 밀린 뽀뽀부터 시작하자. 이 침체의 두꺼운 껍질을 함께 벗어던지고 다시 가슴 뛰는 사랑을 모험하자. 손을 잡고 도란도란 걷다 보면, 언젠가 애정의 천사가 우리에게 미소 짓지 않을까. 이제 정말, 뽀뽀 한번 제대로 해봐야겠다.

싸움의 변주곡

남편 친구들이 이야기보따리를 풀어놓기 시작했다. 이혼한 친구에게 남편이 돈을 주었단다. 그 말에 남편은 떳떳하게 "삼백을 주었다."라고 말했다. 어쩜 저렇게 뻔뻔할 수가 있을까. 나는 심장을 달래며, 뭐라고? 삼백! 욕이라도 한바탕 쏟아붓고 악이라도 한번 쓰면 좋을 것 같았지만, "그래 착한 남편 해라, 나도 착한 천사 한번 할란다!" 내가 이사 비용으로 이백만 원만 빌려 달라고 했더니 없다고 해놓고 아무렇지도 않게 말하는 철면피 남편이 악당 같았고 섭섭했다. 어쩌랴! 참는 수밖에.

부아 나는 마음을 일단 접고 말았다. 평정심을 찾았다지만 사라졌다 불쑥 튀어나오는 그놈의 돈 그림자! 그 당시에는 남편이 빌려주면 나중에 갚아주려고까지 했는데 진짜 돈이 없는 건가? 결국 시어머님께서 주신 아주 오래된 남편 이름으로 된 주택청약통장을 해약했다. 이자율도 높고 좋은 상품이었다고 남편 친구들에게 사실을 털어놓았다. 내 하소연에 아무도 입을 열지 않았다.

나는 그때도 마누라한테 잘하면 자다가도 떡이 생긴다는데 떡을 뒤로 감추듯 두고 보자며 뾰족하게 심지를 갈았다. 부아 난 김에 보관하고 있던 어머님이 주신 금반지도 팔아 버렸다. 금값이 지금은 왕창 올랐다는데 당신 때문에 손해 보았다고 지청구를 했다.

시간이 꽤나 지났지만 옛날 일이 억울해 다시 등장하는 삼백. 친구가 이혼했다고 삼백만 원씩이나 주었다니…. "그럼, 우리도 이혼하자." 얼마를 주려나? 나는 이혼으로 몰고 가며 따지자 남편은 할 말이 없는지 "잔다." 평소 '나 잔다' 하면 5초 이내로 잠이 들던 남편, 이번에도 대수롭지 않게 여기고 진짜 잤다. 어떻게 내 화도 안 풀어주고 잘 수 있냐고 혼자서 씩씩대며 누워 있는데 방문에 시커먼 얼굴 하나가 입꼬리를 귀에 걸고 웃고 있다. 도깨비다. "에이, 이 더러운 것아 물러가라!" 하면서 나는 벌떡 일어나 앉았다. 혼자 화를 내고 있으니 안 되겠군. 나만 속을 끓일 일이 아니었다. 아, 마침 좋은 생각이 떠올랐다.

남편 넌 이제 죽었다. 남편이 깨면 화장실로 갈 것이고 다음은 발바닥이 베어질 것이고. 호호, 마침 청소기에 부딪혀 주둥이에 금이 간 누런 도자기 쌀통이 있었다. 이참에 망치로 조각조각 부숴서 남편 발치 이불 옆에서부터 거실로, 욕실 변기까지 황토색 오솔길을 만들어 놓았다. 변기 속에도 똥이 못 내려가게 큰 조각 하나를 구멍 위에 막히지 않도록 잘 올려놓았다. 일을 다 끝내고 바라보니 예술 조각 작품같이 근사하기도 했다.

내 뜻을 이루기 위해서는 기다려야 했다. 남편 기상 시간은 아침 6시다. 그때까지 기다려야 하는데 시간은 잘 가지 않았다. 골탕을 먹이려면 제대로 해야지. 나는 밤을 새우다시피 하고 5시쯤 일어나서 남편이 써야 할 차를 몰고 도망을 쳤다. 도망간 곳은 바로 집 뒤 내 방 창문 밑이었다. 차 안에서 전화를 기다렸다. 이혼하겠다는 협박인 셈이다. 한 시간이 참도 길었다. 날이 밝았는데 차를 써야 한다는 전화가 없다. 내 예상을 깨고 10시가 넘어서 연락이 왔다. 손님을 만나야 할 아주 중요한 서류가 차에 있으니 어딘지 빨리 오라는 거였다. 남편은 연기를 잘한다. 나는 차 안을 살펴보며 지금 서울에 있어 못 간다고 했고, 그래도 남편은 빨리 오라며 네가 원하는 이혼을 해줄 테니 집에 들어가서 도장도 챙겨 오라고 했다. 나는 도장이 어디 있다고 알려주었지만, 남편은 한사코 나더러 굳이 집에 들어가 보라는 말이 이상했다. 꿍꿍이 속셈이 있구나 싶어 웃음이 나왔다. 무덤덤한 척 아주 먼 거리인 양 집 뒤에서 집 앞으로 갔다. 남편은 환한 얼굴로 서 있었다.

그렇게 돈 때문에 벌어진 코미디였었는데 지금은 남편에게 돈 얘기를 할 수 없는 처지가 되었다. 삼백보다 수십 배나 더 큰 돈을 주고, 잃고 못 받고…. 남편은 잃은 돈보다 내가 더 걱정이 된다고 했다. 문득 생각나는 시어머님, 시어머님은 돌아가시기 전까지 독거노인 한 분의 생활비를 대주셨는데 아무래도 동성상응 닮은꼴인 성싶다.

그때 남편은 회사 이사를 데려와 독수리 발톱 같은 내 예술 작품까지 구경시킨 후, 그것을 깨끗하게 치우고 식탁 위에 향긋한 꽃까지 사다 꽂아 놓았다. 그 아이러니한 남편 행동 덕분에 나는 함께하는 삶에 더욱 집중한다. 때론 함께 희희낙락대다가도 말 못 할 서러움에 펑펑

울며 서릿발 같은 독기를 품을 때가 있지만, 나는 그 서리를 잘 녹이는 편이다. 봄이 그냥 오지 않듯, 파이고 얼룩지고 시린 후에야 꺾인 나무에 새살이 돋는다. 이 묘한 맛이 담긴 얄미운 악당 남편과의 쓰고 달콤한 불협화음, 이것이 바로 우리의 행복 변주곡이다.

내 공부

참으로 길고도 긴 겨울이었다.

초등학교에 입학해 기다리고 기다리던 첫 수업이 시작되었다. 빨리 공부를 하고 싶었는데, 무용을 끝낸 선생님은 칠판에 자신을 소개하는 글씨를 쓰셨다. 참다못해 속으로 씩씩거리며 칠판 글을 읽었다. 맨 뒷자리에 앉아 있는데, 뒤에서 연달아 들려오는 "어머!" 소리에 엄마들이 있다는 것을 알았다.

어, 나는 집에 갈 줄 아는데. 엄마도 분명 서 계실 것 같았다. 지나친 기대감으로 누구와 학교에 왔는지조차 기억나지 않았다. 엄마들의 '어머' 소리에 이상하게 우쭐하는 마음이 생겼다. 나는 칠판의 글자를 계속 다 읽어 내려갔다. 세 번째 '어머' 소리가 들렸을 때, 그 우쭐함이 아예 자기 집인 양 마음속에 쏙 들어와 가부좌를 틀고 앉았다. 바로 그때, 선생님은 칠판에 '기역, 니은, 디귿…'을 쓰기 시작하셨다. 내가 기대했던 것과는 너무도 다른 공부에 그만 마음의 균형을 잃고 말았다. 내 꿈은 생선 도루묵 살처럼 내 몸의 살과 함께 후루루 쏟아져 내렸다. 나는 생선 뼈가 되어 앙상하게 앉아 있었다. '배운다'는 것이 내 생각과 전혀 달랐다. 벌떡 일어나 집에 가고 싶은데 엄마가 실망하실까 봐 억지로 참았다.

초등학교 입학 전, 나는 라디오 속에 작은 사람 요정들이 들어있는 줄 알았다. 그 요정처럼 연극하는 사람이 되고 싶었다. 라디오 안에 있는 사람을 꺼내 달라고 떼를 써서, 아빠와 언니는 라디오를 여러 번 해체해서 보여주셨다. 나 역시 몰래 해체해 보기도 했다. 둥근 고깔모자 같은 쇠붙이 하나가 딱 붙어 있었다. 하지만 운동장에 서신 선생님이 확성기를 들고 말씀하실 때, 그 안에 요정이 들어있는 것이 아니라는 걸 깨달았다. '아, 뭔가 다른 이치가 있구나!' 하지만 누구나 다 아는 '기역…'이라니. 이 엄청난 실망감에 깍두기 노트 글쓰기도 반갑지 않았다. 친구들은 숙제 노트에 '참 잘했어요'라는 빨간색 동그라미를 받으면 얼굴에 달이 뜬 듯 좋아했다. 그런 친구들이 도무지 이해가 가지 않았다. '자전거가 지나가면 비켜야 하는 건 당연한 건데, 왜 배우는 걸까?' 도무지 알 길이 없었다. 공부는 최소한 국민교육헌장 정도는 되어야 한다고 생각했다.

꿈도 사라졌고, 아는 것을 왜 또 하는지 학교를 다녀야 할 이유가 없어졌다. 그만두고 싶었지만, 특별히 나에게 기대하시는 부모님께 효도하는 마음으로 다녔다. 책은 놓아버린 채 학년이 바뀌고 또 바뀐 어느 날, 수업 중에 모르는 말이 귀에 들어왔다. 깜짝 놀랐다. "아, 두음법칙? 저거 모르는데 어쩌지?" 다시 깊은 낭떠러지로 떨어졌다. 이전의 교만을 뛰어넘어, 새로운 걱정이라는 껍질에 쌓여버렸다. '그동안 뭘 배웠지?' 난감했다. 당황스러움에서 벗어나지 못하고 갈수록 고민은 깊어졌다. 나는 그 벼랑을 올라가고 싶었다. 교회를 찾아가기도 했다.

이 새로운 시련을 맞은 후에는 학교를 그만두고 싶다는 생각은 멈췄다. 다만, 걱정을 공부처럼 하고 있었다. '고민인데 왜 공부를 안 하느냐고 물어보지 않는 선생님'이 싫어서 나는 커서 절대로 선생님이 되지 않을 거라고 마음먹었다. 엄마는 몰라도 선생님은 다르다고 생각했는데, 그래서 화가 났다. 새로운 꿈을 찾아보았다. 그림, 무용은 우리 집 경제적 형편과 동떨어져 있었다.

고민으로 꽉 찬 어느 날, 가만히 앉아 간절히 하나님께 물었다. "이제 어떡해요? 꿈이 없어졌는데요?" 그런데 어떤 큰 손이 뭘 쓰고 있는 희한한 광경을 보았다. 그 후 자율학습 독서 모임이 생겨 가고 싶은 마음은 굴뚝같았는데, 내 실력으로 무슨 독서반이냐며 친구들이 흉볼까 봐 가지 못했다. 생각은 온통 놓쳐버린 공부에 매여 있어 전진하지 못했다. 서울로 올라오면 모든 것이 해결될 줄 알았는데, 그것은 큰 착각이었다. 녹록지 않은 삶에 몸도 마음도 더 지쳐갔다. 스스로 나를 어찌할 수 없어 죽은 듯 살며 기다렸다. 이 모든 것이 너무 억울해서 자서전을 꼭 쓰겠다고 다짐했었다. 쉰 살이 넘어 문학을 시작했다. 역시 어렵다. 하지만 그만큼 재미는 있다.

공부가 싫은 것은 아닌데 방법을 몰랐다. '공부는 이렇게 하는 거야'라고 선생님이 가르쳐줄 수도 있을 텐데 서운했다. 죽은 자 같았으나 포기할 수 없었던 공부가 나를 죽음에서 말렸다. 울분이 지구를 부숴 버리고 싶었을 때 다른 사람들까지 피해를 주면 안 된다는 생각이 들어 다행이었다.

잘살고 싶은 건 사람이라면 누구나 바라는 로망이 아닐까 한다. 잘 버텨준 내게 칭찬하며 용기를 갖는다. 바보처럼 살았지만 배운 사람 못 배운 사람이 똑같다는 말 듣지 않도록 겸손한 마음으로 늘 배움의 자세를 잃지 않고 배움에 도전한다. 도전했기에 아름답다. 평탄하지 않았던 내 인생의 광야 길. 글쓰기로 보상을 받은 것 같아 가슴 뭉클한 감사로 수필에 도전했다.

아, 내 공부! 지금부터야! 창문을 활짝 열어젖혔다. 하늘을 향해 나도 할 수 있다고 외쳐 보았다. 금물결이 밀려온다.

내 작은 아이들

달빛이 베란다에 가득 들어앉았다. 푸른 아이들이 환하게 놀고 있다. 초록 향기가 들리는 듯하다. “안 자고들 뭐하니?” 눈빛을 보내자, 탱글탱글한 얼굴로 눈을 반짝이며 앙글방글한다. 다육식물은 탱탱한 얼굴 자체가 꽃 모양이다. 햇살 따라 고개가 삐딱해지기도 하지만, 대나무처럼 꼿꼿한 모습도 있다. 설설히 크는 백봉도 있고, 작고 앙증스러운 희성미인도 있다.

늦은 밤에도 쪼그리고 앉아 들여다보니 남편이 “밤에도 보이니? 내가 누울 곳도 없겠다.” 엄살을 부린다. 거실까지 노란 빨간 연두 파스텔 빛으로 물든 우리 집은 사랑스런 정원이 태어났고 나 정원사도 태어났다. 한 손에는 전지가위를, 또 한 손에는 물병을 들고 인연을 맺었다. 고온다습한 여름엔 샤워시키듯 물 한 모금으로 목을 축여준다. 목만 축여야 하는지 듬뿍 줘야 하는지를 아이들 눈높이에서 보면 알 수 있다. 물을 뿌리고 붓으로 먼지도 닦아주고, 성장 단계별로 예쁘게 미용도 해줘야 한다. “시원하지?” 나풀대는 나비처럼 금방 날아오를 듯한 모습이다. 내 마음에는 윤슬 나비가 날아오른다.

그런데 꽃만 보고 방치했다가 바짝 말랐거나, 실외기 옆 더운 바람에 흔들리는 애들을 보면 가슴이 찢어진다. 이건 식물 학대가 아닐까. 얼마나 목이 마를까. 사실 싫증 나고 병들고 벌레가 생기면 내다 놓고 관리를 포기하는데 동물로 말하자면 유기 식물 아닐까.

한번 벌레가 생기면 소멸시키기 어려워서 전쟁이긴 하다. 보이는 곳에만 약을 뿌리면 잠시 소강상태일 뿐, 잎 뒤쪽과 발목 흙 경계 부분에도 약을 쳐야 한다. 새 흙으로 바꾸어도 그 작은 벌레는 참 멀리도 이동한다. 퇴치가 어려울 땐 아이들을 뽑아 약물에 목욕시키고, 흙에는 물을 팔팔 끓여 뜨거운 소독을 했다. 100℃ 뜨거운 물과 함께 약을 뿌려 마무리하는 과정은 치열한 전쟁과도 같다.

가끔 입양을 보낼 때는 조심스러워 꼭 다짐해 뒀고 가서 봐주기도 했다. 결국 어디든 적당한 환경 조성과 관심을 주면 아이들도 춤을 춘다. 여러 유형의 사람들이 있듯이 다육식물도 얼굴이 다르고 자기들만의 독특한 행동 양식과 고유 성질들이 있다. 사람도 몸의 균형을 망가뜨리듯 이 아이들에게도 적당한 사랑과 관심이 필요하다. 실한 놈도 있고 약골도 있다. 햇볕에 화상도 입는다. 분갈이해 주고 나서 얼굴빛이 좋아도 자세히 관찰하면 발목은 물러 썩어 있다. 메스로 절개해 물을 조금 뺀 뒤. 그늘에 놓았다가 볕에 놓았다가 휴지 위에 놓았다가 다시 심는 한바탕 소동이 벌어진다. 대수술을 하듯 꽃삽, 스푼, 소독약, 핀셋 등 널려있는 기구들을 보니 수술방 같았다.

어느 날은 유기된 다육이 하나를 데려왔다. 그 아이는 고사 직전이었다. 핀셋으로 집어 떨켜 부분을 휴지로 물을 빼고, 알코올로 소독해 심어놓고 살지 죽을지 노심초사였다. 나 아기 때랑 똑같지 않았을까 싶었다. 나를 이렇게 키우지 않았을까? 한 달 넘게 간호 중에 문득 엄마가 떠올랐다. 내가 미리 태어나 엄마는 부질부질하며 내 가슴에 청진기처럼 귀를 대고 수시로 심장 소리를 듣곤 하셨단다. 꽤나 조마조마한 시간을 보냈을 것이고 성장하기까지 애를 썼을 테지.

다육이에게 물을 뿌리고 많이 먹지 않게 닦아주고, 시도 때도 없이 앞에 앉아 의사처럼 돋보기로 안색은 어떤지 뿌리는 나는지 살폈다. 그러고 있는 나를 보니 엄마는 더 하셨겠지. 5남매를 키운 일에 비할 바가 아니지만 엄마의 심정을 조금이나마 깨달았다. 더딘 회복이지만 그 사랑에 깜냥깜냥 살아내 주는 아이들이 달빛 속에서 눈을 깜박거린다. 고맙고 뿌듯하다. 엄마는 내가 살이 올라 이랬을 때 기뻐하지 않았을까.

어느 날 물을 쭈욱 챙겨주고 와보니 한 아이가 팔 하나를 뒤로 빨딱 젖히고 있었다. "어머, 그렇게 좋으니?" 신기하고 흥분되었다. 원래 모습으로 휘어보니 멍이 들었다. 팔을 올릴 때까지 지켜보기로 하니 꼼짝 안 했다. 잠깐 자리를 비켜주었다 와보니 팔이 제자리로 가 있었다. 우린 서로 그렇게 기쁨을 공유하고 있는 건 아닐까.

가족이란 따뜻하게 안아주고 토닥토닥 달래고 의지하며 산다. 식구 한 명 아프면 모두가 아프고 한 사람이 즐거우면 모두의 즐거움이 된다. 이 작은 정원을 돌보며 희생과 사랑을 눈뜨게 된다. 그것이 정원사의 꿈이 아닐까. 통통한 아이들과 아침저녁마다 "잘 잤니? 잘 자." 인사를 나누면, 생글방글한다. 너네들도 감사해라. 잘 먹고 튼튼해라.

올망졸망 모여 여낙낙한 나비춤을 추는 우리 작은 정원은 화목하다. 4월이 생일이라고 속삭여 줬더니 꽃을 피웠네. 우리는 물가에 자라는 풀처럼 항상 싱싱한 초록 나라다.

개판

개 '메리' 주인인 M이 이웃집 개 '보석'이를 보러 자주 찾아왔다. M은 시기심이 강하면서도 바쁜 이웃을 대신해 돌봐준다며 보석이를 가끔 데려가곤 했다. M은 봄바람처럼 따뜻한 말을 잘했지만, 정작 약속을 해놓고는 다른 개들을 보러 잘 갔다. 그래서 이웃집 주인은 "왜 지키지도 않을 말을 남발하느냐?"라고 했더니 M은 허언임을 시인했다. 그럼에도 그 사실에 조금도 개의치 않았다.

이웃집 개 '보석'이는 족보 있는 아름다운 개였다. 순하고 붙임성과 생기발랄함이 장점이었다. 반면 M의 개는 믹스견으로 잘생겼고 주인을 묘하게 닮아 있었다. 꼬리를 흔들다가도 쌀쌀맞게 변해 으르렁댔다. 이웃집이 애견 카페를 구상한다고 했더니 M은 대뜸 반대를 했다. 그 후 M이 카페를 운영하며 더 좋은 개들을 사들이고 자기가 기르던 개를 사라고 종용했다. 이웃집이 무반응으로 일관하자, M은 "이것도 못 사냐."라며 노골적으로 이웃집을 무능한 사람 취급했다. 이웃은 굴욕감에 그 불쌍한 개를 샀지만, 얼마 못 가 죽었다. 나는 보석이 주인의 목소리에서 그때의 모멸감이 느껴졌다.

'보석'이 주인이 다른 집 개들을 초대해 논 적이 있었는데, M은 이 개들이 보석이가 좋아하는 개냐며 쌩하고 문을 닫고 나가버렸다. M은 발정난 개처럼 이 가게 저 가게를 쏘다니며, 근사한 개에게는 억지로 '내 것'이라는 이름을 붙였고, 조금 흠이 있거나 낮은 측에 속하는 개는 망설임 없이 다른 사람에게 넘겼다. 나에게도 그랬다. 내가 살 것도 아니니까 그러라고 했다. 있는 것으로도 족하니까. 어이없는 일이었다. M은 개뿐만이 아니라 보석이 주인과 주변인들의 경제적인 부분까지 치밀하게 계산하고 있었다. 정말 무서운 사람이었다. 이웃집은 문득 자신의 사적인 서류가 사무실에서 사라졌던 일을 떠올렸다. 타인의 성장을 경계하고 모든 이득을 독식하려는 M의 비정상적인 행동이 퍼즐처럼 맞춰지는 섬뜩한 순간이었다.

타인에 대한 좋은 평가나 마음에 들지 않는 상황이 되면, M은 어김없이 독이 섞인 말로 찬물을 끼얹곤 했다. 독사 같은 혀와 억지로 짓는 미소가 징그러운 뱀 같아 소름이 돋는다고 토로했다. M은 이익을 좇아 갈수록 자연스럽게 허물을 벗고 입기를 반복하며, 결국 남의 경제적인 금고까지 파고드는 지경에 이르렀다. '보석'이 주인은 자기가 왜 그러고 사는지 의구심을 가졌고, M에게서 벗어나야 한다는 생각에 휩싸였다.

'보석'이는 성격이 좋고 순했다. 그러던 어느 날, M은 '보석'이와 놀고 와서 갑자기 "이 집 개는 똥개야."라고 하며 슬슬 본색을 드러냈다. 보석이 주인은 놀라움과 함께 극심한 굴욕감을 느끼며 그 집 개가 똥개가 아니냐고 했다. 나는 M이 이웃집에게 파워 게임을 하고 있음을 직감했다. 그럼에도 M은 여전히 자기가 선호하는 개들을 보려고 보석이를 앞장세웠다. M의 충동적이고 이율배반적인 행태가 지속되자, 이웃집의 의심은 깊어졌다. 보석이를 발로 툭 차는 걸 보게 되었다. 미안함을 느꼈는지 M은 이내 간식으로 보석이를 회유하기 시작했다.

M은 자신의 만족을 채우지 못하면 보석이와 주인을 감정받이로 이용했다. 그를 거절하면 우연이라고 보기엔 이상하게도 이웃에게 손해가 발생했다. 뒤끝 있는 뻔뻔함으로 보석이의 흠을 끄집어내곤 했고, 파장이 생기면 '보석이 같은 개도 없다'라며 오직 자신의 기분에만 의존하는 몰염치함을 보였다.

이 일을 겪고 난 후, 보석이 주인은 M이 소개하는 개에게 관심을 갖지 않기로 했고, M과도 관계를 끊었다고 했다. 드디어 개판에서 벗어나고 보니 세상이 다 아름다웠다고 했다. 자유! 하늘을 나는 느낌이었다며 그녀는 이루 말할 수 없는 자유를 느꼈다고 했다. 그동안 '좋은 이웃'으로서의 의무감과 배려가 사실은 스스로를 옭아맨 족쇄였음을 깨달았다. 나는 그녀의 이야기를 들으며 깊은 연민을 느꼈다. M의 이중적인 행동과 계산적인 태도, 추잡한 생각들이 남을 폄하하고 마는 파렴치함에 참 기가 찼다.

나는 보석이 주인을 아는 이웃으로서 그 아픔을 가슴 깊이 절감하며, 마침내 유독한 관계에서 벗어나 자신을 지켜낸 용기에 진심으로 박수를 보냈다.

저녁노을 속에서 옛 초롱이 아줌마의 충고가 내 귀에 또렷이 울려 퍼졌다.

"눈을 크게 뜨고 잘 봐. 약한 건 착한 게 아냐!"

악당? 어느 쪽이 진심인가

"저녁은 뭘로 할까요, 서방님?" 김치찌개를 끓여달라는 말에 정성껏 만들었습니다. 그런데 상을 차리는 사이 남편은 늘 그렇듯 잠이 들었습니다. 깨우니 나중에 먹겠다며 나부터 먹으라고 하더군요. 이런 일이 한두 번이 아닙니다.

남편이 밥을 잘 안 먹으니 나도 밥 먹기가 귀찮아져 그냥 자려고 하면, "밥 안 먹냐!" 하고 소리칩니다. "아, 이제야 밥을 먹을 모양이구나." 싶어 남편 밥 차리는 건 당연한 일이라 생각하고 벌떡 일어나 밥상을 준비하면, 또 나중에 먹을 테니 나보고 먼저 먹으랍니다. 오늘도 똑같은 레퍼토리가 반복됐습니다. 좋게 생각하면 내가 밥을 굶을까 봐 밥을 차리라고 하는 성싶습니다. '햇여우 악당' 같으니라고, 생각하다가도 좀 헷갈립니다. 정말 나를 생각해서 저러는 건가 싶기도 하고요.

솔직히 왜 밥을 차리라고 했는지 시원하게 말해주면 좋으련만, 절대 말해주지 않습니다. 먹을 줄 알고 기분 좋게 차리는 밥상인데, 그저 눈치로 알아채라는 건지. 대체 어느 쪽이 진심인지 모르겠습니다. 이랬다 저랬다, 도깨비보다 더 이상한 남편입니다. 되레 잔소리를 합니다. "밥 먹기 전에 군것질을 하니 밥을 많이 못 먹지." 하면서 말이에요.

이번 설날 저녁에는 남편이 찐빵, 케이크, 커피를 사 오라고 했습니다. 명절이라 빵집 문을 안 열었을 텐데 어떻게 사 오냐고 물으면서도 일단 나가봤습니다. 역시나, 동네 제과점은 모두 문을 닫았더군요. 정말 나를 골탕 먹이는 건가 하는 의심이 들었습니다. 짜증 내지 않으려 했지만, 나도 모르게 화가 치밀어 올랐습니다. 꾹 참았더니 결국 감기가 나가다가 더 심하게 찾아왔습니다. 남편은 내 이런 약점(화가 나면 몸이 아픈 것)을 압니다. 결국 나는 현관문을 활짝 열고 놓고 복도로 나가서 "야, 이진선! 이혼하자!" 소리를 질렀습니다. 이상한 남편은 깜짝 놀라 몸을 움찔하더군요. 밥상 위의 반전도 좋지만, 동네 망신이라 얼른 들어와 참는 척하고 말았습니다.

살다 보니 먹는 일이 정말 중요하다는 걸 깨달았습니다. 나도 한때는 밥 먹기를 밥 먹듯이 거른 적이 있었습니다. 마음먹기 나름이었습니다. 나는 편식이 심했는데, 지인이 파를 안 드시는 걸 보고 좋아 보이지 않아 일부러 파를 먹어봤습니다. 그런데 파의 향이 얼마나 좋은지, 그 후로 파를 아주 좋아하게 되었습니다. 이제는 남편 덕분에 과자, 아이스크림, 빵, 고기, 생선까지 다 잘 먹게 되었습니다.

남편은 어느 날 자신도 즐기지 않는다는 스파게티를 내게 먹어보라고 권했습니다. 예전에는 단맛도 느끼하게 여겨 전혀 안 먹었는데, 지금은 그 덕분에 편식하던 제 입맛이 완전히 변해 못 먹는 음식이 없습니다. 남편을 만나 맛의 즐거움을 알게 된 거죠. 남편은 찌개가 맛없으면 설탕을 넣는데, 맛은 확실히 좋아집니다. 나는 한국 사람은 밥을 먹어야 한다는 고정관념이 있었지만, 남편은 빵으로 사는 사람들도 있다며 오히려 나를 위로합니다. 어쨌든 내가 이렇게 스트레스를 받아도 사람들은 나를 보고 '개 팔자가 상팔자'라고 합니다. 그렇게 봐주니 고맙기도 하고, 남의 속도 모르고 자기들만 세상 힘들게 사는 줄 아는 것 같아 조금 아쉽기도 합니다. 그럼에도 불구하고, 남편은 빵을 사러 가면 내가 좋아하는 신 과일도 사다 줍니다.

이제 남편의 독특한 기호에 잔소리하거나 걱정하지 않습니다. 좋아하는 것을 먹는 게 우선이지 않을까 싶습니다. 밥상 전쟁으로 스트레스도 받았지만, 이제는 그 덕분에 나도 다양한 음식을 즐기는 호강을 합니다. 좋은 빵. 샌드위치 한 끼 식사로 손색이 없다며 가끔 밥 대신 먹자고 합니다.

이래도 저래도 내게는 남편이 최고입니다. 이런 걸 보고 삶의 아이러니한 만족감이라고 하나 봅니다. 이런 소소한 식탁이 왠지 행복하니 말입니다.

그냥 살아요

오늘은 꾀를 내어 남편에게 물었다.

"자기야, 어디 가?"

"담배 피우러 가."

"어, 그래. 맛있는 담배 잘 피우고 와."

그런데 웬일인지 금방 들어왔다. "담배를 얼마나 잘 피웠길래 이렇게 빨리 들어와?" 남편은 아무 말도 하지 않았다. 예전에 친구가 "담배 맛이 궁금해서 한 모금 빨아봤더니 핑 돌았다."라고 한 말이 떠올라 나도 한번 해볼까 했더니, 남편은 "쓸데없는 소리 하지 마라. 왜 애가 그러니."라며 단호하게 말했다.

요즘 남편은 목 상태가 안 좋아 보였다. 담배 때문이 아니냐고 했더니, 담배를 끊겠다고 했다. 며칠 뒤, 남편은 나갔다 들어와서는 "담배 버리고 왔어."라고 했다. 나는 아까운 생각이 들었다.

"어머, 왜 버려? 누구 주지? 아깝잖아."

"그냥 사면 되지."

그렇게 담배를 버린 날부터 하루이틀은 잘 지냈다. 심심할까 봐 운동도 하고 하늘, 나무, 풀, 물도 보라고 권했다. 남편은 알겠다고 하더니, 대뜸 "물이 어디 있어?"라고 물었다. "저기 샛강에 물 있잖아. 좀 얕긴 해. 저쪽으로 내려가면 갈대밭도 있고." 사람이 마음먹으면 못할 게 없을 것 같다.

며칠이 지나자 남편이 밖으로 나가는 횟수가 잦아졌다. 수상했다. "자기야, 어디 갔다 와?" 대꾸가 없었다. 나중에 알고 보니, 병원에 가서 의사에게 담배를 끊으니 스트레스를 받는다고 말했다는 거였다. 의사는 스트레스 받지 말고 하루에 한 개비는 피우라고 했단다. 그 변명을 듣고 나는 "그게 무슨 담배를 끊는 거냐."라고 했다. 그래도 한두 갑씩 피우던 걸 한 개비로 줄였다며 뿌듯해하는 눈치였다. 나는 "아니, 끊기로 했으면 딱 끊어야 끊는 거지, 줄였다고 끊은 거야?" 하고 따졌다. 남편은 "그래도 많이 줄였으니 좀 봐주시오."라고 답했다. 그러면서도 언젠가는 끊을 거라고 덧붙였다.

다시 금연을 하는가 싶더니, 들락거림이 늘면서 담배 냄새까지 났다. 한 개비가 두 개비 되고, 서너 번 밖으로 나갔다 들어왔다. 처음에는 운동하러 나가는 줄 알았다.

어젯밤에는 냄새가 심하게 나서 “에이, 담배 냄새 나네.”라고 했다. 대답이 없었다. 항상 놓아두는 자리에 없으니 나는 “아니, 담배를 어디다 숨겨 놨어? 복도에다 놔둔 거야? 그럼 아주머니가 귀찮잖아? 어디다 숨겨 놨어?” 재차 물었다. 그러자 남편은 “바지 주머니.”라고 했다. 그 말에 나는 너무 웃겨서 남편 앞에 주저앉아 깔깔 웃었다. 남편은 소리 내지 않고 얼굴로만 웃고 있었다. 그렇게 한참을 둘이서 웃었다.

어떤 때는 나갔다가 금방 들어오기도 한다. 그건 아마도 담배와 씨름 중이기 때문이 아닐까 싶다. 나는 아무 말 하지 않았다. 두 가지 마음이 있어서다. 힘들어하는 모습이 안쓰러워 그냥 살라 하고 싶지만, 나이가 있으니 건강이 염려라 끊기로 했으면 딱 끊으라고도 하고 싶다. 돌아보니, 남편이 뭔가를 끊는다는 것 때문에 본인이 받는 그 스트레스를 내가 고스란히 다 받았다. 남편이 술을 끊을 때, 짜증을 나에게 내는 바람에 그랬다. 보기 싫은 모습을 안 보려면 당연히 내가 꾹 참는 수밖에 없었다. 그렇게 남편은 술은 끊었다.

그런데 굳이 피우지 말라고도 못 하겠다. 나도 과일을 너무 많이 먹어 6킬로 넘게 살이 쪘다. 빼기도 어렵다. 무언가를 완전히 끊는다는 것이 얼마나 어려운 일인지 알기에 남편 마음이 충분히 이해가 간다. 지금도 가끔 과일 두 개 정도는 먹을 때가 있다. 한때는 하루에 큰 과일을 8개나 먹었으니까. 그래도 더 먹으려고 하면 남편이 나서서 말렸다.

이제는 들킨 게 민망해서 그런지, 아예 대놓고 나가서 피우고 온다.

그래서 "남편의 의지로 기적이 일어나기를 바랄 뿐이다."라고 외치니 남편 "아멘!" 그래서 한바탕 또 웃었다. 자신이 좋아하던 맛을 잊거나 돌아보지 않을 수 있는 기적 말이다. 그냥 살라고 하고 싶지만, 나이 드니 건강이 염려되기도 한다. 그저 마음으로 응원하고 있다.

지금, 이 순간 삶의 작은 어려움을 이해와 웃음으로 넘기는 것 자체가 우리에겐 기적이라고 할 수 있다.

연애 훈련 중

남편은 퇴직 후 방콕 생활을 시작한 지 1년 4개월이 넘었다. 지인들은 같이 여행을 다녀라 영화를 봐라 운동을 해라. 조언을 다양하게 하지만 아직까지는 아무 문제 없이 나는 참 좋다. 결혼 전 남편을 만나보니 괜찮다 싶어서 3개월 만에 결혼은 했지만 궁핍한 연애 시절을 보냈다. 그래서 새롭게 연애하는 기분으로 지내고 싶다. 온종일 같이 있는 게 아직은 무난하다. 오랜 직장 생활로 몸도 마음도 힘들고 지치지 않았을까 해서 남편에게 푹 좀 쉬라고 했다. 그런데 퇴직한 날부터 입맛이 없다며 굶기를 밥 먹듯 하더니 앙상하기 그지없다. 곡기를 끊는다는 게 죽겠다는 것인데 "죽으려고?" 일이라는 짐을 내려놓으면 후련하지 않을까 했는데 아닌가 보다. 나는 하늘을 날 것 같지 않느냐며 돈 안 벌어도 좋으니 밥이나 먹고 여행이나 하자고 했다. 결혼해서도 단둘이서 다녀본 일이 별로 없고 남편 직장 동료들과 함께 여행을 다녔다.

드디어 퇴직하고 첫 여행으로 1박 2일로 하회마을과 강릉 장미꽃 축제로 해서 파주를 돌아서 집까지 오는데 살이 15㎏ 빠진 남편은 완전히 맛탱이가 갔다. 다시 남편은 소파에 누운 모드로 들어가서는

"동춘아~ 무슨 아이스크림 하나 갖다 줘."

그런 남편에게 나는, 나이 어린 아내를 돌보지는 않고 오히려 종 부리듯 한다고 째려보며 한마디 했다.

"내가 종이야? 아내지! 어!"

남편은 "허허허." 웃는다.

"물 한 잔만 줘." 하면 물 갖다줘, 과자 사다 달라면 사다 줘. "갖다 줘." 하면 다 갖다주는데, "그 이상 뭘 더 바래? 업어줄까? 안아줄까? 자, 업혀 봐." 하면서 누워 있는 남편 발치로 가 누워 남편 다리 사이로 내 다리를 들이밀어 놓고 같이 티비를 본다. 남편이 조금 이쁘게 미울 때는 앞에서 태권도! 주먹을 뻗기도 하고 발차기도 한다. 남편은 "남편을 때리려고 연습하는 거야?" "어, 그러니 까불지 마." 울 남편은 말도 움직임도 별로 없는데 밥투정을 좀 하는 편이다. 그럴 때 가장 힘이 드는데 속으로 하나님께 "으으으." 하소연을 한다. 하나님, 강도한테 하신 것처럼 아프게 하지 마시고 저한테 하신 것처럼 퍽! 불이 번쩍 나게 한 대만 때려주세요. 내 신앙 간증이기도 하다. 안 믿는 사람들은 나를 미쳤다고 하겠지만 말이다. 가끔 땡비가 될 때도 있지만 '해가 지도록 분을 품지 말라'는 말을 소처럼 되새김질하면서 아, 나에게도 이런 일이 일어나는구나 하고 웃는다. 그럼, 평안이다.

남편을 오빠라고 부르면 좋아한다고 해서 오빠라고 불렀더니 입이 귀에 걸렸었다. 이제부터는 할아버지라 부르겠다고 엄포를 놓았더니 살이 빠지니 힘이 딸려서 '끙끙' 소리가 절로 난다며 엄살이다. 워낙에 입맛이 예민해서 내 요리 실력으로는 입맛 맞추기가 쉽지 않다. 좋아하는 고기를 매일 조금씩 구워주는 편이다. 그런데도 남편은 3㎏ 더 빠졌다. 허참 웃기는 일이다. 덩달아 먹게 되는 내 몸은 묵직하다.

나는 남들이 먹는 건 다 먹어봐야 한다고 생각한다. 보편적으로 잘 먹는 편이다. 아무거나 먹는 것이 얼마나 유치하냐고 하는 분도 있으나, 그렇다고 아무거나 혐오식품까지 막 먹는 건 아니다. 60이 넘고 보니 밥하기 싫다던 엄마 말이 이해가 간다. 남편도 이해해 주는 편이라 외식을 자주 가는 편이 되었다. 나 스스로 외식 여행이라고 자부심을 갖는다. 남편은 입맛을 찾기 위해 옛날에 먹었던 좋은 기억들을 더듬어 식당을 찾아 멀리까지도 가서 먹고 오곤 한다. 덕분인지 뭔지는 몰라도 이곳저곳 가보게 되어서 즐거운 기분도 있고 젊은이들이 하는 연애는 아니더라도 못 했던 연애하는 기분이 드는 것도 사실이다.

하루는 남편이 물을 마시고 나서, 엄마가 옛날에 물맛이 최고라 했다고 해서 나도 물을 먹어보니 정말 물맛이 그렇게 좋은 줄 미처 몰랐다. 입맛을 잃었을 땐 물이라도 꼭꼭 씹어 먹자.

입맛도 없고 살도 빠졌으니 담배를 끊으라고 하니 담배가 힘이라는 말에 내 억장이 무너졌지만 끊을 수 있는 날도 입맛이 돌아올 날도 오겠지…. 기다림의 미학도 있으니 기다려 본다. 인생 제2막을 새롭게 만들며 그려가야 할 운명이다. 내 반쪽을 위해 기꺼이 찢겨진다 해도 따뜻한 아내가 될 수 있으면 참 좋겠다. 후반전을 위해 후회가 없는 시간 시간이 되도록 성실하게 최선을 다하는 아름다운 삶이 되도록 애를 써본다.

교련복과 분홍 잠옷, 야자 사건

중학교 3학년, 방과 후 야간 학습이 시작되었다. 친구들은 저마다 편한 사복 차림이었지만, 나는 무릎이 튀어나온 낡은 교련복 차림이었다. 옷보다는 공부가 더 중요하다고 생각했기 때문이다. 딱 한 번, 언니가 보내준 잠옷을 교복 안에 받쳐 입고 간 날이 있었다. 얇은 레이스가 소맷자락과 목 부분에 예쁘게 달린, 정말 '공주님' 같은 분홍색 잠옷이었다. 친구들은 그 옷 때문에 내가 잘사는 집 아이인 줄 알았다고 했다.

그렇게 특별 야간 자습이 시작된 지 얼마 되지 않아, 아이들은 하나둘 교문을 빠져나가기 시작했다. 텅 빈 교실에 남은 사람은 나를 포함해 세 명뿐이었다. 불안감이 엄습했다. 이미 아이들 사이에서는 누가 어디 묘지 앞에 모여 있다는 소문이 돌았다. 그 중심에 남학생 반에서 가장 관심이 많은 아이와 내 절친이 있었다. 교실이 텅 비었으니, 이 모든 책임이 나에게 돌아올 것임이 분명했다.

예상대로 담임 선생님이 들이닥쳤다. 붉은 얼굴로 내 이름을 외치며

"왜 자습은 안 하고 애들을 부추겨 나가 노냐?"라고 질책했다. 선생님은 내가 바로 주동자이자 모두를 데리고 나간 바람잡이라고 단정 지었다. 억울했지만 아무 말도 하지 못했다.

친구는 네가 한 일도 아닌데 왜 네가 우냐고 쌩하고 나갔다.

결국 야간 자습은 중단되었고, 다음 날부터 한 사람씩 교무실로 불려갔다. 내가 첫 번째일 줄 알았는데, 놀랍게도 가장 마지막이었다. 절친 정숙이 덕분이었다. 우리는 말하지 않아도 서로를 믿었다. 명콤비 친구가 교무실에 가서 담임 선생님을 만나고 온 모양이었다. 그때의 억울함이 오히려 정숙이와의 끈끈한 우정을 확인하는 계기가 되었고 모든 오해가 풀린 후, 나는 그 우정의 소중함을 되새기곤 했다.

정숙아, 내가 밤에 네 잠을 깨웠던 건 네 공부 때문이었던 거, 너는 아마 모르겠지? 지금 생각해도 그때는 참 아름다웠어. 네가 없었더라면 그 시절의 추억이 이토록 빛나지는 않았을 거야. 우리 둘만의 비밀이었던 시냇가, 네 방에서 공부하다 잠든 너를 깨워서, 남자아이들 공부하는 방문 앞에 가서 탁탁 소리를 내며 줄넘기를 하던 일까지. 창문이 열리면 쿠다당탕 소리를 내며 도망치기도 하고, 창문을 내다보는 남친들에게 "너네, 공부하니?" 하고 안부를 묻기도 했지. 내 짓궂은 행동에도 친구 엄마는 우리를 불러 과자를 내어주셨고, 어디 사냐고 물으셨지. 그때 우리는 빛나는 추억을 쌓았지.

네가 먼저 나에게 공부하라고 해놓고, 정작 너는 스르륵 잠이 드는 걸 보니, 안 깨울 수 없었어. 너를 확실하게 깨우는 방법은 그 방법이 최고라고 생각해 낸 장난이었어. 그런데 너는 다음 날 일찍 일어나서 잠깐 책을 보고 있더라고. 너는 일등 하는 애보다 공부하는 시간이 적은데도 성적이 좋았잖아. 그걸 보고 내가 "너는 머리가 좋은가 봐." 했더니 너는 아니라고 했지. 하지만 남달리 집중력이 강해 보였어. 그래서 "너는 집중력이 참 강해."라고 했더니, 너는 고개를 끄덕이며 인정했지. 생각하니 웃음이 난다. 호호.

그날의 우리는 서로에게 빛이 되어 주며 반짝이는 별이었어. 멀리 떨어져 있지만 너는 여전히 내게 가장 사랑스러운 별이다. 친구야, 너의 삶에 어떤 폭풍우가 몰아쳤어도 너는 늘 흔들림 없이 꿋꿋하게 빛났지. 우리의 인연에 다리를 놓아준 하나님이 너와 나를 사랑하셨으니까.

정숙아, 그때의 오해와 추억들이 지금의 나를 빚어내고 있어. 네가 있었기에 나는 낡은 교련복 차림으로도 힘을 얻어 선생님에 대한 미움도 없이 지낼 수 있었지. 우리 둘만의 시냇가, 남자애들 앞에서 장난치던 그 모든 순간은 여전히 내 기억 속에 생생하게 남아있어.

너는 먼 곳에서도 빛나는 별이고, 너와 내가 가장 행복했던 시절이지. 아마도 너는 그 모습 그대로 영원히 변치 않는 하늘의 천사가 되었을 거야.

내 마음이 먼 곳에 있는 너에게 전해지기를 바라며, 오늘도 하늘의 별을 그려 본다. 우리가 함께 있다면 다시 그 강가에 나란히 누워 별하늘을 바라보고 있을 텐데. 너는 여전히 내게 가장 진솔한 친구이자 변치 않는 사랑이다.

엄마표 진공포장

멀리 떠난 자식을 위해 엄마는 손수 담근 김치를 큰 들통에 담아 서울까지 오셨다. 냄새가 날까 노심초사하여 겹겹이 꽁꽁 싸매고 싸매서 갖고 오셨는데, 작은 것도 아니고 제법 큰 통이었다. 그 무거운 김치 통을 버스에서 내려 집까지 들고 오신 엄마의 모습이 가슴이 먹먹하기도 하고 말문이 막혔다. 엄마 손에는 진공 포장하는 기술이 깃들어 있는 걸까. 냄새는커녕 포장지를 풀어헤치기조차 버거웠다.

분홍색 보자기에 싼 조그마한 보따리를 화장품 서랍에 넣으면 딱 맞을 거라 생각하고 풀었다가, 아주 낭패를 보았다. '펑' 소리가 나듯 부풀어 오른 옷들이 순식간에 산더미를 이루었기 때문이다. 당장 정리할 곳이 없으니 다시 싸 보관하려 했지만, 아무리 발로 밟고 무릎과 가슴으로 눌러봐도 그 부피는 쉽게 줄어들지 않았다. 도저히 원상태로 돌려놓기는 불가능했다. 결국 씨름하다 장롱에 넣어둘 수밖에 없었다. 손으로 싸든, 이빨로 묶든 엄마의 솜씨는 그야말로 끝판왕 진공포장이었다. 그렇게 고생스럽게 들고 오신 김치를 나는 당연하다는 듯 언제나 아무 말 없이 먹어 치웠다.

엄마는 오실 때마다 수납공간은 모두 열어 물건들을 꺼내 다시 정리하시곤 했다. 그러면 신기하게도 부피가 반으로 줄어들었다. 나 역시 좀 깔끔을 떠는 편이지만, 그 놀라운 솜씨에 기가 막혀 웃음이 나올 때도 있었다. 딸 눈에는 고생스럽게 보여 속이 부글거릴 때가 많아 그냥 집으로 내려가라고 했더니. 엄마는 빈손으로 딸 집을 나섰다. 아버지가 엄마랑 싸웠느냐고 물으셨다.

여전히 바지런히 주변을 치우시지만, 육신적으로는 약해져도 마음은 청춘이라고 생각하시던 진공포장 달인이었던 엄마도 이제는 삶의 짐을 내려놓고 좀 쉬어가시는 듯하다. 몸도 마음도 함께 지치고 약해졌기 때문이다. 자식들이 모두 자수성가하고 나니 농사일에서 손을 놓으시고 짐도 가벼워지자 엄마와 아버지는 서울 딸네 집으로 나들이를 올라오시곤 했다. 하루는 일산에 가서 놀이 자동차를 타고 좋아하시던 아버지 엄마가 가장 기억난다. 나이는 드셨지만 외적인 모습과 건강면에서도 가장 빛나고 아름다운 때였던 것 같다. 나이 드신 분은 우리밖에 없었다. 그렇게 부녀 모녀 셋이서 잊지 못할 추억을 만들었지만, 부모님 연세가 많아지면서 함께 먼 여행을 해보지 못한 것이 못내 아쉽다. 마음먹었을 때 실천했어야 했는데, 내 살길 바쁘다고 다음에 가야지, 다음으로 미루다가 결국 못하고 말았다. 어릴 적에는 모여 앉아 있던 시간도 있었지만, 머리가 큰 뒤로는 각자 갈 길로 흩어져 얼굴 볼 시간도 없이 세월이 바쁘게 흘러가 버렸다.

'무슨 엄마가 저렇게 젊으냐'며 정말 다리 밑에서 나를 주워왔나 의심도 해보았었다. 그런 엄마가 늙어 작은 체구와 가늘어진 눈으로 나를 볼 때면 가슴 깊은 곳이 뜨거워진다. 60이 되어서야 엄마를 다시 그려본다.

호락호락하지 않은 세상은 엄마에게 모진 고난을 안겼으리라. 눈부시게 아름다웠던 꽃다운 나이에 아이 일곱을 낳고 그중 하나를 잃으며 살아오셨는데, 왜 풍파가 없었겠나. 흙먼지를 뒤집어쓰며 보통 몸으로 감당하기 힘든 짐을 지느라 너무 힘을 들인 탓인지, 유난히 허리가 굽어 작아지고 뼈는 삭아서 작은 충격에도 부서졌다. 몸이 부서져라 일하고, 몸이 늙어도 몸에 밴 일 습관 때문에, 뼈가 부서지고 나서야 사위를 만나 고기를 먹기 시작했다고 했다. 병원 신세도 지고 나서야 겨우 억척같은 생활도 조심하기 시작했다.

엄마는 무언가 갈무리할 때나 싸실 때를 보면 얼마나 야무지고 단단하게 보이는지, 오히려 로봇 기계가 허술해 보이기까지 한다. 초집중하는 걸 보면 진공포장 신이 내렸나 참 의심이 갈 정도였다. 그런 엄마지만 단단한 방어벽이 없어서 사람에게 많이 속았던 탓일까, 의심이 많아져 고약한 할머니가 되기도 하셨다. 진공포장 할 만큼 단단했던 엄마의 손도, 몸도 이제는 힘이 없다. 평생 자식을 위해 단단하게 싸매셨던 진공포장의 명인은, 정작 당신 자신만큼은 진공포장을 하지 못해 이제는 부스러져 간다.

영원한 것은 없으니까. 당신의 유통기한이 다해 가듯, 어머니의 젊음과 강인함은 세월과 함께 저물어간다. 내가 약해진 엄마의 삶을 감싸 안을 시간이다. 늙음이 추해 보여 섭섭했던 날들이 있었다. 이제야 엄마의 삶이 온전히 보인다.

엄마의 종이돈

유년 시절, 하루는 엄마가 우리에게 "이게 돈이야." 하며 길쭉한 종이 한 장을 보여주었다. 우리는 돌아가며 그 종이를 만져보았고, 작고 얇은 종이가 세상 귀한 양 바라보았다. 어쩌면 그 돈 수만 장을 더 많이 갖고 싶어, 우리는 한 사람 한 사람 부모님 곁을 떠나 서울행 버스에 몸을 실었는지도 모른다. 맏이인 언니를 시작으로, 나와 동생들이 차례로 고향을 떠났다. 돈 많이 벌어야 성공이고 복 받았다고 여기는 우리네 삶이었으니까.

어릴 적 시골 깡촌에 돈 있는 집이 힘이 세 보였고 정말 힘이 셌다. 나는 내 꿈을 이루어 출세하여 돈 많이 벌어 효도하겠다는 마음을 먹었다. 하지만 그렇게 올라온 서울은 돈 벌고 살기에는 녹록지 않았다.

젊고 예뻤던 우리 엄마도 돈 많이 벌어 자식 잘 먹이고 잘살게 하고 싶으셨을 게다. 부자 소리도 들으면서 말이다. 맛있는 것도 많이 드시고 싶었을 텐데 늘 푸성귀만 드셨다. 시골 깡촌이었지만, 뾰족구두 한

번 왜 신고 싶지 않으셨을까.

문제는 그 돈이었다. 안 먹고 안 써서 묻어둔 엄마의 종이돈에 좀이 가끔 먹어 치웠다. 믿을 만한 곳도 믿을 만한 사람도 엄마에게는 도적이었다. 그러다 보니 의심병까지 생기셨다. 엄마 계산과 맞지 않으면 끝까지 안 맞는 돈을 달라고까지 하셨다.

성경은 "너희를 위하여 보물을 땅에 쌓아 두지 말라. 거기는 좀과 녹이 해하며 도둑이 구멍을 뚫고 도둑질하느니라." 어머니는 평생을 그 길쭉한 종이돈에 묶여 사셨고, 결국 그 돈은 어머니 곁을 기약 없이 떠났다.

돈이 뭐길래. 사람들은 그토록 돈을 찾아다니고, 돈 때문에 아파하는 걸까. 아무리 붙잡으려 해도 돈이 주인을 싫어하면 훨훨 날아서 가버린다.

프랜시스 베이컨은 "돈은 거름과 같다. 한 곳에 쌓아 두면 악취를 풍기지만, 널리 흩뿌리면 많은 것을 자라게 한다."라고 했다. 벌어서 써야 한다는 진리가 이토록 아프게 다가온다. 묻어두면 남 좋은 일만 시킨다는 옛말이 참 공감이 간다. 먹고 싶을 때 사 먹고, 나를 위해 쓰기도 하며, 좋은 일에 쓰기도 하는 것이야말로 돈의 진정한 가치를 빛나게 하는 일일 테다.

엄마는 평생 벌었던 그 종이돈을 잃고 말았다. 아끼고 안 쓴 종이돈이 엄마 곁을 떠났을 때 엄마는 정신 줄까지 살짝 잃으셨다. 엄마의 그

삶이 나에게는 아린 아픔으로 남았다. 모든 것을 잃은 후 그 힘든 고초를 겪었음에도, 엄마는 막내를 책임지겠다고 하셨다. 내가 "엄마가 돈이 어디 있어?" 하고 물었더니 "엄마 돈 많이 있어. 걱정하지 마라." 하셨다.

자식이 부모를 닮는다더니, 나도 엄마의 전철을 밟았다. 나 역시 종이돈 때문에 공황장애를 앓았다. 내가 돈을 잃었을 때 어느 지인은 목숨 같은 돈이라고 했다. 그때는 정말 숨도 쉴 수 없었다. 돈이 단순한 종이가 아니었고, 우리의 삶과 생존 그 자체였으니까. 하지만 성경은 돈을 사랑함이 일만 악의 뿌리가 되어, 결국 사람으로 하여금 많은 근심으로써 자기를 찌르게 한다고 했다. 어머니의 비극과 나의 고통이 바로 그 증거가 아니던가.

내가 고향에 갔다 올 때면 엄마는 늘 내 손에 만 원짜리 종이돈을 쥐여주셨다. 싫다고 해도 주시니 받기는 했지만, 버스가 막 떠나려고 할 때 나는 창문 밖으로 돈을 던지며 엄마를 불렀다. 일복이 많아 고생하신 엄마의 돈을 차마 받을 수가 없었다. 그런데 그것이 왜 그리 가슴에 남을까. 지켜주지 못해 미안하다.

그 옛날, 엄마가 보여주셔서 비로소 알게 된 종이돈. 종이돈은 왜 그렇게 엄마 곁에 머물지 못하고 가볍게 떠났을까? "돈!" 속아서 떠났으니 너도 아프지 않을까? 그놈의 종이돈 많이 벌어 호강시키겠다는 꿈은 이제 쥐도 새도 모르게 잊은 지 오래다. 애초에 모든 것은 덧없는 꿈에 불과했다. '돈이 전부'라는 믿음이 부질없는 짓이었다는 것을 예순이 넘어서야 깨달았다.

돈도 결국 마음먹기 달린 것. 이제 애착을 내려놓았다. 가려면 가거라, 오고 싶으면 좋게 언제든 오려무나.

겨울이면 엄마가 만들어주신 시원하고 맛있는 콩나물국을 후루룩 마셨다. 그 시원함이 온몸에 가득 찼다. 돈 때문에 아파했던 지난날을 뒤로하고, 이제 엄마랑 그 시원한 콩나물국이나 마셔야 하겠다. 아, 종이 돈아.

혼자 살겠다고 모래가 되다

중학교 때 일이다. 여름밤에 교실에서 보충 수업 중이었다.

교실 뒤쪽에, 친구 몇 명이 모여 숙덕숙덕하더니 나를 불렀다.

말인즉슨 딸기 서리를 가자는 거였다.

더듬더듬 딸기를 찾는데 하나 만져졌다. 작고 익은 것 같지도 않아서 따지는 않았다. "없어~" 없다고 속삭였다. 다른 친구도 없다고 답을 했다. 딸기 따겠다고 하다가 친구들이 조심하지 않아서 꽃을 다 떨어지게 할까 봐 걱정도 되었다. 나는 "없어, 가자."라고 했다. 그때 후레쉬 불이 휙휙 흔들리며 비췄다. 우리는 쏜살같이 도망을 치기 시작했다. 급한 마음에 오던 길을 버리고, 한 번도 가보지 않은 산 쪽으로 무작정 달렸지만, 눈앞에 나타난 산과 강 앞에서 친구들은 강 쪽으로, 맨 뒤쪽에 있던 나는 홀로 산을 택했다. 달아나는 친구들의 뒷모습을 보며 잠시 망설였지만, 그 순간 나는 본능적으로 내 뜻대로 산을 택했다.

그런데 왜 하필 불빛은 무리에서 떨어져 나온 나를 쫓는지 알 수 없었지만, 혼자라는 생각에 두려웠다. 산으로 들어가 아는 길로 가기 위해 옆으로 조심조심 가는데도 불빛은 계속 나를 비추고 있었다. 나무가 무성한 산이 피하기 좋을 거라 생각했는데, 달빛 환한 엉성한 풀 사이로 사람의 움직임도 보이고 풀의 흔들림도 보이는 모양이라, 무릎을 구부리고 어깨를 낮춰 기어가듯 움직였지만 불빛은 끈질기게 따라왔다. 결국 나는 몸을 멈추고 풀 옆에 납작 엎드렸다. 불빛과 눈이 마주칠까 봐 고개도 숙였다. 잠시 숨죽였다가 풀을 건드리지 않도록 조심하며 산 위로 가는 척 천천히 옆으로 움직였다. 불빛은 여전히 나를 쫓아왔다. 밤이긴 하지만, 친구들이 달려가는 모습이 보였으니 나도 분명 보이겠구나 싶었다. 산 위쪽으로 좀 더 올라가 마침내 길로 나왔을 때, 다행히 불빛은 사라졌다.

초등학교 때까지 살던 곳이었다. 다시 농장 앞길로 가야 할지, 다른 길로 가야 할지 기로에 섰다. 예전에 매일 다니던 농장 길을 포기하고, 가끔 다니던 오솔길을 선택했다. 까치밥나무도 있고 좋은 곳이었지만, 꼭 마음에 안 드는 곳이 있었다. 길 양쪽에는 음침한 검푸른 강물이 고여 있었고, 산 쪽에는 성황당이 있었다. 그 앞에 도착하자 무서움이 밀려왔다. 고개도 돌리지 못하고 땅만 보며 발을 딛었다. 길을 움푹 파먹은 아래쪽 검은 물이 발을 잡아당길 것 같았고, 위쪽에서는 귀신이 머리채를 잡아당길 것만 같았다. 아차 하고 발을 헛디뎠다간 물귀신 밥이 될 수 있으니, 한 발 한 발 땅을 꼭꼭 밟고 걸었다. 혼자 살겠다고 친구들과의 의리도 팽개치고 홀로 모래알처럼 흩어졌던 나였다. 훤한 대낮에도 다니기 무서운 길이지만, 친구네 집에 들렀다가 산 비탈길만 벗어나면 평평한 오솔길이 좋아서 가끔 다녔다. 하지만 밤에 간 건 처음이었다. 잡히는 것보다 무서움을 참는 게 낫겠다는 계산에서 택한 길이었다.

어렵게 무서운 길을 벗어나 안도의 한숨을 쉬며 큰길로 접어들었다. 친구들이 기다리고 있겠지. 하지만 그림자도 없었다. 곤란한 일에 끌어들였으면 챙겨야 하는 거 아니냐며 혼자 중얼거리며 잰걸음으로 친구네로 향했다. 혼자 살겠다고 도망쳤던 건 나였는데, 오히려 의리 없다고 섭섭해하는 것도 나였다. 친구들이 없었다. 나는 다시 농장을 향해 갔다. '헐, 잡혔군, 잡혔어.'

딸기 서리 갔던 목 씨 농장 주인집에 가끔 놀러 가기도 했고, 젊은 여주인의 약국 심부름도 해준 적이 있었다. 여주인은 "토마토 먹고 싶으면 따다 먹으라."라고 할 만큼 좋은 분이었다. 서울 농대를 나와서 일반적인 농사와는 다른 것을 재배했다. 딸기는 직접 본 적도, 먹어본 적도 없어 재미있는 유혹이었다.

그렇게 붙잡혔다면 망신이 따로 없었을 테니, 그 착한 대접을 유지하고 싶어 산으로 갔다가 몇 곱절로 더 고생을 했다. 꼼짝없이 어둠 속에서 숨 막히는 공포와 싸웠다. 무서움이 너무 커서 감각이 마비된 듯, 귀신에게 잡히지 않기 위해 눈에다 불을 켜느라고 등골이 오싹할 틈조차 없었다. 생사의 갈림이었다. 귀신과 싸워 무서움을 훌훌 떨쳐내고 나왔다고 생각하니, 물렁하기만 했던 내가 왠지 모르게 강하고 단단해진

듯했다. 호랑이에게 잡혀가든 말든 정신 줄을 팽팽하게 당기면 두려움 정도는 거뜬하다.

나중에 딸기 구경 왔다고 엄살을 부려서 용서를 받았지만, 딸기는 책에서 본 것으로 만족했다.

관계

10월 초가을, 이사로 바쁜 시간을 보낸 후 마침내 친구들과 함께하는 시간이 찾아왔습니다. 6월에 만나기로 했지만 같은 날 이사를 하게 된 친구가 있어 약속을 미루었다가 드디어 친구네 새 보금자리로 먼저 찾아갔습니다. 또 다른 친구와 함께 걷는 길 위에서 이야기가 시작되었죠. 언젠가 한적한 시골에 아담한 단독주택을 짓겠다는 꿈은 잠시 접어두고, 지금은 번잡한 도시의 삶을 선택했습니다. 비록 예순이 넘은 나이에도 여전히 가슴에 푸른 초원 위의 집을 품고 있습니다. 언젠가 여건이 된다면 그 꿈을 현실로 만들 수 있다는 희망만은 늘 간직하고 있습니다. 평생 이어갈 작업이 있기에 당장 떠나기는 어렵습니다. 그러나 마음만은 언제든 떠날 준비가 되어 있습니다.

친구의 3층 단독주택에서 점심과 차를 나누며 깊어진 이야기 끝에, 우리는 어느새 공원을 향해 걸어가고 있었습니다. 친구가 즐겨 한다는 '필라테스' 동작을 따라 하며 웃음꽃을 피웠습니다. 그러다 어른들의 놀이터로 가서 동그란 그물 그네에 몸을 던져 눕기도 하고, 그물망을 흔들며 소박한 즐거움을 되찾았습니다. "오늘 모처럼 많이 웃었다."라는 친구의 말에 가슴이 더없이 뭉클해졌습니다.

사람들과의 관계에서 때론 지치기도 합니다. 그럼에도 불구하고 저는 함께하는 순간의 온기를 좋아합니다. 하지만 동시에 혼자만의 고요한 시간을 더 원하며 소중하게 여깁니다. 오롯이 나만을 위한 자유와 충전을 채우는 즐거움이 있기 때문입니다.

홀로 강가를 걷거나 오솔길을 거닐 때면 내 안의 온갖 감정들이 해방됩니다. 땅에 바짝 붙어 피어난 이름 모를 꽃과 교감하고, 내 안의 슬픔 외로움 즐거움 차가움을 모두 마주합니다. 때로는 허공을 향해 소리도 지르면서 나 자신으로 존재하며 자유를 만끽합니다.

그렇기에 외부와의 잦은 접촉이 저의 작업 시간을 방해받을 때 가장 불편함을 느낍니다. 필요 이상의 연락으로 고요를 깨는 관계는 때로 저에게 해결하기 어려운 숙제처럼 다가오곤 합니다. 진실한 사이라면 굳이 잦은 관계를 요구하기보다 서로의 삶을 존중하는 태도가 중요하다고 믿습니다. 1년에 한두 번의 진심 어린 만남만으로도 변치 않는 마음의 온기를 충분히 나눌 수 있으니까요. 온기와 고요, 이 두 가치 사이에서 나는 오늘도 가장 나다운 균형을 찾아 걷고 있습니다.

사람 때문에 피곤을 느끼면서도 한때는 친구들이 자주 연락하지 않아 서운한 마음이 들기도 했습니다. 하지만 시간이 흐르면서 오히려 친구들이 더없이 고맙게 느껴졌습니다. 한 친구는 학교 다닐 때 늘 반장을 해서인지 점잖고 무덤덤한 편이고, 또 한 친구는 밖으로 쏘다니는 것을 좋아하는 편입니다. 그래도 친구들은 모두 저의 바쁜 일상을 이해해 주었습니다. 억지로 관계를 만들려고 애쓰지 않아도, 굳이 특별한 이야기를 공유하지 않아도 서로의 존재만으로도 충분하다고 생각합니다.

집착하는 이들의 마음이 공허해서일 수도 있습니다. 그 공허함은 타인이 아닌 스스로 채워야 할 몫이 아닐까요? 고독의 단맛을 아는 것이 곧 인생을 아는 길이겠지요. 힘든 경험을 거치면서 만남의 균형을 조절하게 되었고, 이로 인해 곁에 있는 소중한 인연들에게 더 깊이 감사하는 마음을 갖게 되었습니다. 관계에서 오는 과도한 요구는 때로는 불편함을 넘어 자신을 지키는 힘을 잃게 만듭니다. 결국, 소중한 사람을 소홀히 대하거나 상대의 마음을 아프게 하는 일이 될 수 있음을 알았습니다. 우리 모두 서로에게 귀인(貴人)이 되는 만남을 이루어간다면 얼마나 좋을까요.

전승환 작가의 《나에게 고맙다》라는 책에서처럼, 관계의 불협화음은 때론 상대를 너무 사랑하려 애쓰거나, 큰 기대를 품을 때 생겨난다는 것을 깨달았습니다. 내가 사랑하는 만큼 상대도 나를 똑같이 사랑해 줄 것이라는 오만함이 관계를 괴롭게 만들기도 했습니다. 나무들이 서로에게 적당한 거리를 두듯, 알고 지내는 사이일수록 서로의 삶과 시간을 존중하는 여백이 필요하다는 것을 이제야 알겠습니다. 진정 좋은 관계는 배려하는 마음에서 시작되는 거겠죠.

모처럼 친구들을 만나 늦깎이 동심으로 돌아가 동심에 젖어 웃고 떠들었던 하루. 어릴 적에는 느끼지 못했던 깊은 삶의 기쁨이 다가왔습니다. 서로의 마음이 한 그릇에 담기는 아름다운 순간들. 그 순간들을 간직하며 앞으로도 그런 소중한 인연들과 함께하길 바라며, 어린 시절 고향 친구들과 뛰놀던 봄날의 뜰을 마음속에 다시 한번 그려 봅니다.

돈보다 소중한 친구의 유산

정말이지 이런 친구는 없을 성싶다. 영영. 나는 친구에게 "그냥 둬. 죽든지 말든지."라고 했더니, 친구는 어떻게 엄만데 그냥 두냐며 엄마가 돈 얘기를 꺼냈는데, 부탁을 들어드리지 못하자 입원을 했다고 했다. 결국 돈을 마련해 줬다는 친구의 말에 내가 한 말이다. 엄마의 빚잔치를 도맡아 처리하는 친구를 보며, 나는 안타까울 뿐이었다.

이상한 것은, 친구는 한 번도 불평을 내색하지 않았다. 오히려 내가 답답해하면 "우리 엄마가 원래 그렇잖아." 엄마의 빚을 대신 갚기 위해 뛰어야 하는 친구와 자꾸만 돈 문제를 일으키는 아주머니가 어찌 보면 닮은 것 같다는 생각마저 들었다. 부모라면 자식에게 부담을 주지 않기 위해 애써야 할 텐데, 당연한 일처럼 여기는 아주머니가 못마땅했다.

친구는 결혼 몇 년 뒤, 남편의 전근으로 멀리 이사를 가게 되었다. 직장을 접고 모처럼 살림을 했다. 내가 본 중에 그때 애를 업고 있던 모습이 가장 편안하고 행복해 보였다. 나도 따라 마음이 좋았다.

하지만 그 평화도 잠시, 빚쟁이가 남편 학교로 찾아가겠다며 전화가 왔다고 했다. 친구는 일을 시작했다며 다단계를 하려고 해 내가 극구 말렸더니, 친구는 "내가 잘사는 게 너는 싫냐."라며 서운해했다. 친구가 원망하는 소리를 한 건 처음이었다. 나는 "네가 남이라고 생각해 본 적이 없다."라고 대답은 했지만, 다단계는 생각과 다르다며 그만두게 했다. 친구는 이후 보험 일을 시작했다. 물론 내 마음에 들지 않았다. 그런데도 내가 구박할 때마다 친구는 아무 말도 하지 않았다. 몇십 년이 지난 지금, 그때 보험을 두세 개 더 들 걸 그랬다고 후회하곤 한다. 뒤늦게 친구의 마음을 헤아렸다.

언젠가 친구에게서 전화가 왔다. 친정 엄마가 돈 백만 원이 필요하다고 했다. 친구가 빌려달라는 거면 어떻게 해서든 시간을 내 찾아줬을 텐데, 아주머니가 필요한 거니 직접 와서 아주머니가 찾아가라고 했다. 진짜 와서 통장째 가져갔다. 한두 달이 지나도 말이 없었다. 나는 아주머니에게 통장이 있다는 것을 듣자마자 당장 가져오라고 했다.

다음 날, 언제나 침착한 친구가 세 아이를 모두 데리고 온 걸 보고 깜짝 놀랐다. 얼마나 힘들었을까. 막내아들은 안고 어린 두 딸을 앞세운 친구의 모습에 나는 내가 너무 과민했구나 싶었다. 학교 일로 바쁜 남편에게 맡길 수가 없었다고 했다. 소원대로 아들을 낳아 애가 셋이라 남편이 창피하다고 해 보험 카드가 따로 되어 있어 간호사가 "이혼했어요?" 하고 묻는다며 농담을 했다. 그날 밤, 나는 내 차로 데려다주려다 버스정류장까지만 바래다주었다. 버스를 기다리며 막내가 붕어빵을 사달라고 해 사주고 버스를 태워 보냈다. 차를 몰고 오는 내내 후회

했다. 운전하니 혹시라도 무슨 일이 생길까 봐 지갑에 2만 원 돈을 건네지 못했고 데려다주지 못해 미안함으로 남았다.

몇 달 뒤 친구가 쓰러졌다는 소식을 들었다. 뇌암이었다. 아이들 이름도 기억 못 하면서 내 이름을 기억하고 있더라는 도우미의 말에 가슴이 미어졌다. 친구에게 "김밥 해줄까?" "어." 김밥을 좋아하니 직접 만들어 먹이고 싶어 만들어 싸 갔다. 힘없이 나를 바라보는 친구에게 "김밥 해왔어." 하자, 친구는 퉁명스럽게 "왜 이제 와? 안 먹어!" 내가 "직접 싸느라 늦었어. 사는 게 맛있냐? 먹기 싫으면 먹지 마!" 조금 후 나는 다시 김밥을 내밀며 "먹어봐." 친구는 말없이 받아먹었다. 그저 김밥이 먹고 싶어서가 아니었겠지. 나를 향한 사랑과 그리움이었을 거다. 그동안 하지 못했던 이야기를 전하고 싶었던 건 아닐까. 병원에 혼자 누워 돈 아이들 문제로 전전긍긍하며 얼마나 외로웠을까. 내가 일찍 갔더라면, 진심으로 자신을 걱정해 주는 친구가 있다는 사실에 조금은 위안을 얻었을 텐데. 내가 늦게 온 것에 대한 서운함이었겠다. 늘 리더십이 있고 유머러스했지만, 사실은 혼자서 모든 짐을 감당하며 누구에게도 마음을 털어놓지 못했던 친구의 외로움을 그때는 미처 몰랐다. 퉁퉁 부어 있는 친구를 어떻게 씻길지 걱정만 하다 끝내 아무것도 해주지 못하고 왔다.

친구가 입원한 지 한 달쯤 되었을까. 낮잠을 자고 있는데 꿈에 친구가 나타나 '춥다'며 나에게 일어나라더니 본인이 누웠다. 바로 전화가 울렸다. 친구 남편이었다. "지아 엄마가 조금 전에 갔어요." 이번에도 또 늦게 갔다. 슬픔이 밀려왔지만, 슬퍼하고 싶지 않았다. 슬퍼하는 것이 겁이 났다. 강한 척했지만, 막상 친구 사진 앞에 서니 통곡했다. 그렇게 나는 가장 믿고 의지했던 친구를 보내고 말았다.

친구가 죽고 나서 마음이 못내 아쉬워 친구 아이들에게 용돈을 주기도 했지만 그때뿐, 못해 준 찌꺼기는 여전히 남아있었다. 병실에서 아주머니는 내게 "애가 돈 때문에 이렇게 되잖아." 했다. "아주머니 때문이 아니구요?"라고 뱉고 싶었다. 나중에 친구 남편에게 들은 이야기지만, 친구는 일하고 들어와 말도 없이 5백만 원을 인출해 간 엄마에게 "어떻게 그럴 수 있냐?"라고 하며 쓰러져 끝내 일어나지 못했다고 했다. 그 말에 내가 조금 놀라웠다. 어떻게 그런 말을 했을까. 아이 셋을 키우는 친구가 많이 힘들었나 보다.

이제 친구 덕에 연금까지 타니 고마운 마음에 밥이라도 사주고 싶은데, 이 세상에 친구가 없다. 대신 아주머니에게라도 식사 대접을 해드리고 싶었지만, 선뜻 내키지 않아 고민만 했다. 그러던 어느 날 꿈에 친구가 "엄마를 미워하지 말라."라고 했다. 친구 뜻을 알고 대답한 얼마 뒤, 아주머니가 보내주신 대기리 감자를 맛있게 먹었다.

말하지 않아도 나를 가장 잘 이해해 주고, 공부해서 문학을 해보는 것이 어떻겠냐고 했던 친구. 이런 친구가 또 있을까. 사랑하는 친구야. 네

말처럼 나는 그 일을 하고 있단다. 못다 한 이야기를 이렇게 말이야.

돈, 예쁜 돈. 너무 예뻐서 눈을 뗄 수 없는 반려 돈. 얄미운 반려 돈인가. 북어를 패듯 패버리고 싶지만, 그렇게 하는 것보다 멋지게 쓰는 법을 알고 쓰는 것이 낫겠다. 그립다. 친구야.

추억은 방울방울

중2 시절, 젊은 영어 선생님이 새로 오신다는 소식에 한 친구가 나팔을 불었다. 모두 당나귀처럼 귀를 쫑긋 세웠다. 전에 계시던 나이 지긋한 영어 선생님은 작은 눈과 오뚝한 코 때문에 우리끼리 '코쟁이 선생님'이라 불렀다. 그런 선생님이 떠나고, 새파랗게 젊은 선생님이 군청색 양복을 입고 교실 문을 열고 짜안 들어서는 순간, 친구들의 기대감은 최고조에 달했다. 하지만 내 속마음은 달랐다. '에이, 우리 사촌 오빠가 훨씬 잘생기고 멋있네 뭐.' 일곱 살 무렵, 서울에서 카메라를 메고 나타났던 사촌 오빠의 모습이 너무 강렬해서였을까? 젊은 선생님에 대한 감흥은 딱히 생기지 않았다.

새로 오신 선생님과 즐거운 영어 수업이 시작되었다. 왜 이렇게들 조용할까 싶었는데, 여기저기서 킥킥, 쑥덕쑥덕거리기 시작했다. '라이브러리' 발음을 두고 '라이블알이'가 나오더니, '태산불알이'까지 나왔다. 영어 선생님은 그냥 히죽 웃고 넘기셨다. 그러다 쑥덕쿵이 잦아지자 "거기 누구누구 일어나." 하셨다. 일어난 친구들이 서서 수업을 받으며

'동춘이는 왜 벌 안 주고 우리만 주냐'고 하소연을 했다. 나는 웃음이 터져서 "야, 이 가시나들아! 내가 언제 너네처럼 수업 시간에 짝꿍이랑 떠들고 속닥거렸냐?" 했더니, 친구들은 픽 웃으며 아무 대꾸도 하지 않았다. 물론 농담이라고 생각했지만 말이다. 그러면서 친구들은 재미있게 웃으며 열심히 공부했다. 나는 속닥거릴 일도 없었지만, 그냥 모두 들으라고 큰 소리로 말했다. 무슨 말을 했는지 기억나지 않지만, 내가 말을 하면 "쿠당탕탕" 책상을 쳐대며 소란스럽게 웃어댔다. 그래서 옆반 선배들도 따라 웃는 소리가 들렸다. 하루는 선배가 "네가 웃겨놓고 왜 네가 웃냐?"라고 물었다. 내가 아니라고 변명해도 소용없었다. 다음 수업 시간에 한 번 더 보여주었다. '내 웃음소리 맞냐?'고 선배에게 가서 물었다. 손으로 입까지 꼭 막고 있었는데도 그렇다고 했다. 억울해서 내가 아니고 크게 웃는 사람이 누구라고 일러바쳤다. 그 후로는 그런 오해가 끝이었다. 나는 즉흥적으로 선생님 흉내를 내거나, 선생님 말에 장난스럽게 대꾸하곤 했다.

그러다 보니 어떤 친구는 "너 코미디언 한번 해봐라." 또 어떤 친구는 의자에서 내려와 쪼그리고 앉아 배를 잡고 울고 있었다. 왜 그런가 싶어 내려다보니 눈을 흘겼다. 그러면서도 또 말을 해달라고 했다. 참 속을 알다가도 모를 일이었다. 그렇게 시간이 지나자 선생님을 좋아하는 마음들이 대나무 죽순처럼 삐죽삐죽 올라왔다. 나는 속으로 '쬐그만 것들이 웃기고 있네'라고 생각했다. 어떤 애는 얼굴이 불그스름해지기도 했다. 그런데 친구들은 나를 들먹거리기 시작했다. "동춘이가 선생님 좋아한대." 하며 떠드는 애도 있었다. 나는 속으로 웃으며 장난을 쳐 주기로 작정했다. 바로 친구들의 말에 부인하지 않기로 했다. 설렘이 점점 무르익어 가던 어느 날이었다. 칠판 한가운데나 가장자리에 '축 결혼'이라는 글자가 쓰이기 시작했다. '신랑 김○○ 선생님, 신부 김동춘. 결혼을 축하합니다.' 나는 빙그레 웃었다. 그래도 괜찮았다. 속으로 친구에게 물었다. '정말 선생님을 좋아하는 건 바로 너지?' 칠판의 낙서는 지워지지 않았고, 바로 영어 수업이라 선생님이 다 보셨다. 선생님도 빙그레 웃고 마셨다. 자신들의 마음을 표현하는 데 나를 이용했다. 싫지 않았기에 굳이 변명할 이유가 없었다.

나는 가끔 앞으로 나가 교탁 위에 팔꿈치로 '다다닥, 다다닥' 소리를 내곤 했는데 스스럼없이 교탁 앞에 나가서 이야기를 했다. '어젯밤에 선생님이랑 같이 빵집에 가서 찐빵하고 우유를 먹었다'고 하얀 거짓말을 믿거나 말거나 해댔다. 사실 그 깡촌에 찐빵집이 있을 리 없었다.

내 장난에 순진했던 친구들. 그 웃음으로 대리만족을 했다면 그걸로 되었다. 나도 엔도르핀이 솟았을 테니, 모두 즐거운 해피 엔딩으로 짧은 학창 시절을 보낼 수 있어서 좋았다. 16살, 가랑잎이 굴러가는 것만 봐도 웃음이 나고 설레고 세상이 다 사랑스럽게 보이던 때였다. 세월이 흘러도, 여학생 몇 명이 모여 있는데 훤칠한 총각이라도 나타나면 자지러지듯 '와!' 소리치며 넘어가는 걸 보면 지금이나 예전이나 똑같다는 생각이 든다. 내 앞에 앉아 내 말에 웃으며 울던 친구야, 모두 그

립구나.

우리가 다시 중학교 교실 책상에 앉는다면 파란 하늘을 보며 무슨 말을 쓸까. 그 교실에서 입을 벌리면 청명한 웃음소리가 까르르 터져 나올 것 같다. 공부하다 말고 쪽지 비행기가 날겠지.

별들이 뜨는 놀이터

놀이터에서 "나 잡아 봐라!" 하며 엄마가 종종걸음으로 뛰어가면, 아이들은 잡으려고 "으헤헤!" 웃으며 달려간다. 엄마를 쫓다 힘이 빠지면 작은 꼬맹이가 바닥에 벌러덩 드러눕고, 다른 아이도 따라 눕는다. 펄떡이는 아이의 거친 숨소리가 마치 땅의 호흡소리 같다. 이제 엄마마저 아이들을 따라 눕는다. 언덕에 기대어 누운 셋은 도란도란 이야기를 나눈다.

"너는 몇 살이니?"
"네 살."

그렇게 땅 위에 검은색 엄마별과 노란색, 파란색 아이별들이 떴다. 네 살이라고 손가락까지 펴 보이는 아이가 더없이 멋져 보여 내 심장이 설렜다. 내가 그리던 가장 자연스러운 모습들이었다. 한참을 지켜보다가, 깜찍한 별들이 삼삼오오 모여 속삭이는 옆 놀이터 쪽으로 가보았다. 아이들이 쐐기를 잡아 놓고 관찰하며 놀고 있었다. 내가 "무섭지 않니?" 하고 묻자, 아이들은 "안 무서워요." 대답하며 앞으로 가는 쐐기의 등을 나뭇가지로 비벼주었다.

그러자 움직임이 없어졌다. 그래서 나는 "쐐기가 엄마를 잃어버려서 울고 있을지도 몰라. 우는 소리 안 들리니?" 내 말에 깜짝 놀라던 아이는, 눈을 크게 뜨고 강렬한 빛을 내며 나를 빤히 쳐다보더니 "우는 소리 들려요!" 하고 외쳤다. 어른과 여섯 살 아이가 한순간에 동화 속으로 포개지는 순간, 나도 놀라 그 순수한 깨달음에 "그래, 엄마 보고 싶어서 우는 걸 거야." 하고 화답했다.

쐐기는 오도 가도 못해 기절했는지, 아니면 포기했는지 고개를 웅크리고 있다. 가여워서 엄마를 찾아가게 놓아주라고 했다. 풀숲에 쐐기를 놓아준 아이는 내가 자리를 뜨자 얼른 내 손을 잡고 따라왔다. 뒤에서 엄마가 아이를 부르며 뒤쫓아 왔다. 아이는 그네를 타며 "엄마, 하늘을 나는 것 같애!" 금방 시인이 된 아이의 한마디! 땅 위 하늘 아래의 모든 소리를 품은 가장 아름다운 폭발적인 동시였다.

나 어릴 적엔 나무 그네에 별이 떴고, 마당에서 비단개구리를 잡았다. 고추밭 둔덕에 팔을 베고 누워 있으면 구름이 내려와 나를 태우고 하늘을 날았다. 풀밭 속 웅덩이에는 올챙이별이 꼬리를 흔들었는데, 신세대 놀이터의 웅덩이에는 아이별들이 첨벙댄다.

몇 해 전 봄, 뒷동산에 올라갔다. 몸이 흙냄새를 먼저 기억하고 반가웠는지, 나는 마른풀 위에 누웠다. 밑에서 꼼지락대며 내 등을 간질이고 조잘대던 초록별들의 소리 같았다. 이것은 자연 속에서 자연과의 교감을 해 본 사람만이 만끽할 수 있는 감동이다.

꿈을 꿀 수 있다는 건 감미로운 일이며, 어쩌면 순수한 저 아이들의 모습이야말로 땅의 소리와 하늘의 소리에 감동하여 드러누운 것이 아닐까 싶다. 천진함을 잃어버리지 않아야 자연을 노래할 수 있기에, 아이들이 가장 자연을 닮은 모습이 아닐는지. 하늘땅의 소리를 내는 아이들의 모습은 내 속에 있는 꿈꾸는 별들을 보는 듯 내 시선을 끌었다.

요즘 아이들은 초침이 돌아가듯 바쁘게 딱딱하고 차가운 시멘트벽 속으로 들어갔다 나왔다 하며 핸드폰만 들여다보고 지내니 마음이 얼마나 푸석할까. 좋은 환경에서 좋은 것만 먹고 입고 보며 귀하게 자라는데, 저리 순진무구한 자연스러움이라니!

아이들의 상상의 이야기는 시멘트 벽이 가둘 수 없는 우주의 언어였다.

피고 지는 자연 그대로의 모습과 함께 맘껏 누리고 싶다.

인위적인 곳이지만, 조잘대는 아이들의 감성 표현이 사랑스럽다. 아이의 촉수가 깨어나듯 반짝였다. 봄은 여전히 꿈틀거리고 있어 기뻤다. 마치 우주 속 한 귀퉁이에서 새로운 별천지에 온 것만 같았다. 땅 위의 별들과 그렇게 동화를 썼다. 어쩌면 아이들은 지금 동화 나라에 있을 거다.

겨울처럼 까칠한 현실 속에 따뜻한 꿈같은 아이들이 자라고 있어 풍성한 미래가 보여 참으로 다행이라 생각하니 감개무량하다. 그 작은 몸짓들이, 땅에 깃든 별처럼 가장 빛나는 순간의 기록이었다.

오늘도 친환경 언덕에서 별들이 뜬다.

황금 황태와 아버지의 밥

겨울 산골짜기에 저녁이 왔다. 아버지는 덕장으로 일하러 가셨고 우리끼리 이른 저녁을 먹었다. 나는 아랫목 이불 속에 넣어둔 아버지 밥그릇 밥이 식을까 봐 내 배로 깔고 있다가 아버지를 마중하러 밖으로 나갔다.

마당 싸리담을 지나 밭길에 섰다. 밖은 환했다. 눈이 와서 세상이 하얬다. 동네에서 우리 집은 위쪽 맨 끝이다. 오도카니 서서 아래를 한참 바라보았다.

저기 아재네 집 마당 앞에 아버지가 오시면 좋겠는데…. 눈이 오면 강아지도 좋아 뛴다는데 눈이 그쳐서 그런지 강아지는커녕 움직이는 건 아무것도 보이지 않았다. 눈 온 뒤 날씨는 푸근하고 고즈넉했다. 서쪽 하늘을 보았다. 해가 떨어져서 땅거미가 지고 있었다. 어둡기 전에 오시면 좋을 텐데…. 눈을 꼭꼭 밟으며 길을 냈다. 늘 다니는 길이지만 눈이 또 언제 내려 길을 묻어버릴지. 어둡기까지 하면 길 잃어버릴까 봐 높낮이가 다르니 낫지 않을까 싶었다.

어린 나는 정말 아버지가 언제 오실지 몰라 아주 들어가려고 돌아섰지만, 혹시 돌아서는 순간 오실까 봐 또 돌아보고 다시 돌아서서 먼 곳을 바라보았다. 막상 돌아서서 보면 여전히 아버지 모습은 보이지 않았다.

이불 속 밥그릇은 처음보다 따뜻한 기운이 덜 했다. 들락거리는 동안 내 몸이 차가워져 오히려 내 배 밑에서 밥이 식은 것 같아 이불째 안고 턱을 괴고 있었다. 지금쯤 아버지가 올지도 모른다는 생각에, 나는 아랫목 깊숙이 밥그릇을 밀어 넣고 이불 두 개를 더 꺼내 꼼꼼하게 싸 덮어놓고 다시 나가 보았다. 그런데 아버지는 오지 않고 어둠만 야금야금 다가오더니 어느새 밤이 되었다. 눈까지 오면 분간도 할 수 없어 길 잃어버릴까 싶어 걱정되었다.

나는 하늘을 보았다. 별이 듬성듬성 몇 개 반짝이고 있었다.

“별아, 우리 아버지 지켜줘. 눈밭에서 눈 도깨비한테 홀리면 여기저기 헤매다 집에 못 오면 얼어 죽을 수 있어. 그러면 안 돼.” 부탁하고 들어와 부엌 방문을 열어놓고 문지방 앞에 앉아 기다렸다. 부엌에는 엄마가 소여물을 끓이며 외양간을 왔다 갔다 했고 개밥도 챙기며 혼자서 부지런히 저녁 갈무리를 하고 있었다. 얼마나 지났을까. 초롱불을 밝히고 일하던 엄마가 문밖을 보며 반갑게 인사를 건넸다.

“이제 끝나고 와요?” “어.” 밖에서 들리는 아버지 소리에 나는 얼른 일어나 뛰어나갔다. 어둠 속에서 아버지가 부엌을 향해 오고 있었다.

“아버지!” 아버지 손에는 양동이가 들려있었고 그 속에는 명태를 손질하다가 챙겨 오신 곤이가 들어있었다. 황태를 만들기 위해 차가운 물속에서 매서운 바람을 맞으며 온종일 고생하셨을 텐데, 아버지는 그 힘든 일을 하며 우리에게 곤이를 선물처럼 가져다주셨다. “아버지 이제 와?” “응, 그래.” 너무 반가웠다. 곤이는 이틀은 먹을 수 있는 양 같았다. “안녕히 다녀오셨어요?” 양동이를 덜렁 들고 싶었지만 내 손에 맡길 것 같지 않아, 나는 양동이를 같이 잡고 아버지랑 정지로 들어섰다. 내가 한발 먼저 들어왔다. 그래야 추운 아버지가 빨리 들어올 수 있을 거 같았다.

어둠 속에서 아버지는 달처럼 환했다. 집 위에 있는 저 별을 보고 찾아왔으리라 짐작했다.

집에서 기다리는 식솔들을 보니 몸과 마음이 얼어서 힘들고 지쳤을 터인데 아랑곳없이 나를 반갑게 맞아주었다. 아버지는 온종일 살을 에는 찬물 속에 들어가서 명태를 씻어 육지에 올려놓고, 건조하기 위해 만든 나무 위에 올라가 명태 거는 일을 했다. 매섭게 추운 바람에 얼었다 녹았다를 반복하다 보면 황태가 된다. 아버지의 삶도 그렇게 얼고 녹으며 단단해지는 황태와 같아 보였다.

엄마가 밥상을 차려 들고 들어왔다. 밤에 혼자 밥상 앞에 앉은 아버지 앞에서 나는 노래를 불렀다. 젓가락을 들고 밥상을 두드렸다. 바다가 육지라면 배 떠난 부두에서 울고 있지 않을 것을 아아아~ 아버지가 미소 짓고 엄마, 오빠가 웃었다.

고기가 덕장에 늦게 오면 야간 일도 했다. 긴 장화가 달린 고무 멜빵 바지를 입기는 해도 춥긴 마찬가지, 꽁꽁 언 얼음을 깨고 그 속에 들어가면 몸이 얼어서 움직이기 힘들 텐데 어떻게 일을 할 수 있을까. 궁금해서 물어보았다. 물을 끓여서 시린 발과 손을 넣어서 녹인다고 했다. 그래도 동상은 걸려있었다. 누렇고 두꺼운 발톱 손톱, 성한 것 하나 없고 형색은 남루해도 일하는 우리 아버지가 세상에서 제일 멋지고 아름다웠다. 오줌을 눌 때 고드름이 생긴다는, 하늘 아래 첫 동네, 대관령 깡촌에서, 그 힘든 일을 겨울이면 했다. 그렇게 아버지의 언 손끝에서 황금 황태가 만들어졌다. 아버지 모습은 텔레비전에도 나왔었다.

아버지 사랑의 온도가 얼음덩이를 녹이고도 남았다.

나는 물고기는 먹지 않았지만, 아버지가 덕장에서 언 손으로 직접 건져 오신 곤이만은 예외였다. 그 곤이에는 아버지의 찬 땀과 깊은 사랑이 담겨 있었다. 지금도 가끔 그 맛을 기억하고 사 먹곤 한다.

곤이를 든 아버지의 얼굴은 환했다.

“아버지 지금 와~?” “으~ 그래.” 그 소리가 귓전에 다정하게 들린다. “그래.”

하늘에 계신 아버지가 오늘 밤 오실 것 같다. “그래.”

악마의 늪

나의 이십 대. 버스 좌석에 앉은 사람이 내 가방을 받아주었고, 승객들에 떠밀려 뒤쪽으로 밀려났다. 몇 정거장 지나 확인해 보니, 역시나 뒤쪽이 쫙 찢겨 있었다. 월급날이었다. 마침 월급을 책 속에 넣어 두었는데 책 한 권이 돈을 지켜주었다. 돈이 무사했기에 냉정함을 유지할 수 있었지만, 문제는 주민증이었다. 불안했다. 며칠 후 퇴근하니 집주인이 '외삼촌'이라는 사람이 왔다 갔다고 했다. "무슨 외삼촌요?" 더 묻지 않았다. 직감적으로 상황을 파악할 수 있었다. 놈은 자물쇠를 뜯고 들어와 방을 난장판으로 만들어 놓았다. 가져갈 만한 건 다 가져가고 그림 몇 점도 가져갔다. 서예는 있었다. 나는 그들이 다시 올 것을 예견하고 기다렸다. 또 며칠 뒤, 주민증을 가지고 있으니 찾으러 오라는 남자가 다녀갔다며 동생은 "내가 같이 가 줄까?" 했지만, 나는 단호하게 "아니, 혼자 가도 돼."라고 말했다.

나는 4·19탑으로 갔다. 흥분하지 않았다. 주민증 잃어버리면 큰일 날 줄만 알고, 오직 그것을 찾을 생각뿐이었다. 인도에 서 있는데, 갑자기 거센 바람이 휘몰아쳤다. 공원 주위의 나무들만 심하게 흔들릴 뿐, 마치 나를 둘러싼 야릇한 기운이 요동치는 듯했다. 내 옆에 있던 삼각대 간판이 '쾅' 하고 넘어졌다. 음산한 기운 속에서, 바람이 멈추자 굶주린 검은 늑대처럼 보이는 놈이 나타났다. 나는 주저 없이 다짜고짜 "내 주민증 내놔요." 하고 쏘아붙였다. 놈은 다른 곳에 있으니 따라오라며 산으로 향했다. 놈은 계속 뒤를 힐끔거렸다. 나는 놈의 속을 꿰뚫어 보고 생각했다. '그래, 실컷 봐라. 네 속셈이 들통나지 않았다고 안심하지 마라.'

나무 한 그루 없는 검은 자갈산에서, 나는 다시 "주민증 주세요." 하자, 놈은 늑대의 본성을 드러내며 여기서 "많이 죽었다."라고 했다. 섬뜩한 말로 나를 위협했지만 이판사판 무섭지는 않았다. 다만 내 속에서 갈등이 치솟았다. '하나님, 이건 정말 아닌 것 같은데요.'

그날은 엄마가 갑자기 오셔서 사준, 하늘색 옷을 입고 갔다. 단춧구멍이 작아 평소에는 입지 않던 옷이었다. 나는 단추를 애써 빼는 척하며 이 위기를 벗어날 탈출구를 찾고 있었다. 그런데,

"어? 이놈이 왜 이래?"

놈은 갑자기 고꾸라져 아랫배를 움켜쥔 채 고개를 숙이고 있었다. 나는 하늘을 보았다. 구름 한 점 없었다. 짧은 순간 많은 생각이 교차했다. '더러운 흙 한 줌에 허연 뼈가 나뒹굴어도 저 파란 하늘은 이해해

줄 거야' 하는 극단적인 생각까지 들었다. 문득 망설였다. 피를 보아도 무방할 순간이었지만, 벌레만도 못한 이놈에게도 애끓는 부모가 있을 거라는 생각이 나를 붙잡았다. 정의와 살인 사이에서 나는 도망을 택했다. 산 아래를 향해 달렸다. 놈이 어디쯤 왔는지 궁금해 고개를 돌리는 순간, 눈앞에 긴 팔 하나가 쭉 뻗어 내 뒷덜미를 잡으려 했다. 극도의 공포가 만들어낸 환각일까. 나는 미친 듯 달렸다. 벼랑이 나타났다. 망설임도 없이, 구두를 신은 채 겅충겅충 뛰어내렸다. 아래 공터에서 화투하던 사람들이 놀라 소리쳤다.

놈의 얼굴을 똑똑히 기억했기에 그냥 넘어갈 수 없었다. 나는 형사처럼 촉을 발휘해 아침 일찍 동생과 함께 집 앞을 서성거렸다. 도적들은 후미진 동네의 건달들이었다. 그런데 차마 못 볼 광경을 보고야 말았다. 여름인데도 흙색의 사우나복을 단체로 입은 6, 7세 정도의 아이들이, 놈이 끄는 리어카 옆에 셋씩 서서 오고 있었다. 아이들은 모두 우울했고, 매끈한 얼굴 체격과 키가 비슷했다. 정상적인 가족이라고는 도저히 볼 수 없는 모습이었다. 아이들 모두 악마의 늪에 빠진 성싶었다.

내 일보다도, 이 악의 그림자가 드리운 사회의 무력함에 화가 치밀었다. 놈에게 다가가 "네놈이 그놈들이지?" 다그쳤지만, 놈은 시치미를 떼며 "누구세요?"라며 리어카를 끌고 갔다. 경찰서? 방송국? 이 후미진 어둠 속 악행을 어떤 기관이 파헤쳐 줄까? 내 신고를 과연 받아줄까? '이럴 때 내가 형사라면 얼마나 좋을까.' 나는 아이들의 신분이라도 확인하고 싶어 "이런 나쁜 놈들!" 하며 놈을 쫓았다. 하지만 쫓아가다 말고 발이 딱 멈추었다.

"이러다 내가 정말 죽겠네."

정의감과 분노가 가득했지만, 나는 혼자였다. 악마의 늪처럼 검은 침묵이 감돌았다. 놈들을 물리칠 힘도, 애들을 보호할 방패도 없는 나의 존재는 무력함 그 자체였다. 나는 아이들을 뒤로하고 곧장 복덕방으로 향했고, 일주일 만에 그 동네를 떠났다.

38년이 넘었다. 그 아이들은 부모를 찾아갔을까? 이제는 생각하고 행동할 수 있는 마흔이 넘었을 나이인데. 나는 그들을 구하지 않았다. 아니, 구할 수 없었다. 나 자신을 지키기 위해 도망쳤다. 그날의 비겁함과 무력함. 나는 그때 그 악마의 늪에서 나 자신만 빠져나왔다. 지금도 그 아이들의 모습은 나의 도망친 양심처럼 눈에 선하다.

나라는 사람

나는 이상한 사람일까?

길거리에서 두 여자가 다투고 있었다. 나는 다가가 "싸우지 마시고 저기 다방에 가서 차 마시면서 이야기하세요."라고 했다. 내 말에 한 여자는 얼굴이 빨개져 고개를 숙이고 급히 걸어갔고, 다른 여자는 옆으로 걸어가며 나를 쳐다보았다.

어느 날은 작은 남자가 쓰러진 채 코피를 흘리고 있는데, 덩치 큰 남자가 쓰러진 남자 머리를 계속 발로 차고 있었다. 보아하니 낮술 두어 잔 마신 듯 얼굴이 붉었다. "아저씨 뭐 하는 거예요?" 나는 경찰에 신고를 하면서도, "뭐 이런 놈이 다 있어." 혼잣말을 하며 덩치 큰 남자를 정면에서 상대하기는 너무 어려워 보여, 뒤로 가서 무릎이 꺾이도록 정강이를 걷어차려고 "에이, 이 나쁜 놈!" 하고 발을 올리려는 순간, 헉! 숨이 멎는 듯했다. 큰 남자가 돌아섰다. 나를 푹 감쌀 만큼 압도적인 덩치에 내 몸이 움찔하며 발이 멈췄다. 나는 놀란 나머지 파출소로 도망치듯 달렸다. 경찰관과 함께 현장에 올 때, 경찰이 나에게 "맞게 생겼네." 누가 봐도 체급 차이가 심하니 그럴 만도 했다. 그렇게 한바탕 소동을 벌이고 집으로 돌아왔다. 소문에 의하면, 맞은 사람은 병원에 입원했다고 했다.

당시 행인들이나 건물에 사는 사람들은 힐끔 보고 어떤 행동도 취하지 않고 지나가거나 안으로 들어갔다. 그때는 사람들이 참 매정하다고 생각했지만, 무엇이 옳은 행동인지 혼란스러웠다. 피를 보는 순간 모르는 척하는 것이 나을까? 어차피 집에 와서 그 광경이 눈에 아른거려 괴로울 테고. 혹시라도 내가 비겁해서 더 큰 일이 생긴 건 아닐까 답답하다. 그냥 지나치면 될 것을 그렇게 못하는 것도 내 문제다. 그래서 때로는 눈 하나 깜짝하지 않는 방관자들이 부럽고 대단해 보이기도 한다.

그 문제의 길을 걷다가 갑자기 어느 부동산으로 이유 없이 들어갔다. 아마도 이런 경우가 '원수는 외나무다리에서 만난다'고 하는 것일까? 바로 그 덩치 큰 아저씨가 앉아 있었다. 주인인 모양이다. 아저씨는 아무 말도 없이 책상만 보고 있었고, 나는 민망해 벽에 붙어있는 광고지만 보는 척하다 얼른 나왔다. 참 우스운 일이었다. 부동산 사무실에서 만난 아저씨는 그날 내가 봤던 분노에 찬 괴물이 아니었다. 조용히 책상에 앉아 난처한 모습처럼 보였다. 혹시 그날 내가 본 것이 그 사람의 전부는 아닐 수도 있겠다는 생각이 들었다.

나는 가끔 이런 일로 큰 곤경에 처한 적도 있었다. 그러고 보면 나는 정말 이상한 사람인 것 같다. 어릴 적에도 이웃 할머니의 처지가 너무 안타깝고 속상해서 위험한 일을 저지를 뻔했다. 가족이 할머니를 괴롭힌다는 사실은 내게 엄청난 충격이었다. 그래서 나는 할머니를 괴롭히던 그 애를 학교에 가서 보자고 벼르곤 했다. 그 분노만큼은 잊을 수 없었지만 나는 화난 일을 잊기도 잘한다. 아마도 그것이 내 장점이자 단점이다. 학교에서 급한 대로 남의 신을 신고 화장실에 가면 꼭 나올 때 똥통에 빠뜨렸다. 결코 일부러 그런 것이 아니었다. 선생님이 신발을 건져서 씻어주셨는데, 그때 보면 할머니 댁 그 애였다.

내 성격 문제도 있겠지만, 당시 초등학교 때 '나는 공산당이 싫어요' 라는 구호가 있었다. 어렸지만 세상은 모두 서로 시기하고 미워하고 힘을 과시해 남의 것을 가지려고 싸우는 것처럼 느껴졌다. 밤늦도록 라디오를 듣다가 방송이 끝나면 애국가가 나왔다. 다른 방송이 나올까 해서 채널을 돌렸는데 북한 방송이 나와 깜짝 놀랐다. 밖에서 누가 듣지는 않았을까 걱정도 했다. 왜 그렇게 싸우고 살아야 하는지 그게 참 싫었다.

남편은 세상이 원래 그렇다고 말하지만, 내게는 여전히 용납할 수 없는 일이다. 그래서 싸움을 멈추게 하는 일에 그토록 집착했는지도 모른다. 위험을 무릅쓰고서라도 차라리 내가 싸우고 마는 것이 낫겠다 싶고, 싸우는 걸 보면 내가 흥분한다. "에이, 저것들을…." 때로는 "야,

그만 못 해!" 책상이나 의자를 들기도 한다. 내 가방이 찢겨 털려도 남의 것을 지키기 위해 소매치기 옆을 바싹 붙어가기도 하고 쫓아가 쳐다보기도 했다.

돕다가 낭패를 보기도 하고, 때로는 바보 같다는 소리를 듣기도 하지만, 그럼에도 불구하고 시끄러움을 싫어했던 아이는 자라서도 여전히 싸움을 말리는 일에 마음이 간다. 이런 내가 싫기도 하지만 이게 바로 나인 것을. 그저 세상 싸움을 외면하지 못하고 평화를 꿈꾸는 한 사람일지도 모른다. 곤란에 처하기도 하지만, 세상이 평화롭기를 바란다. 남이 싸우는 걸 보면 흥분하는 나. 나는 정말 이상한 사람일까요? 당신 보기에는 어떤가요?

특별한 손님, 특별한 일

사무실 건물 1층 약국 앞에 천을 깔고 여러 가지 잡목을 파는 할아버지가 계셨다. 마주치면 가볍게 인사만 나눌 뿐, 바쁜 일상 속에서 그저 '장사하시나 보다' 했다.

어느 날, 출근하자마자 선배의 부탁으로 양말을 사러 2층에서 내려가 할아버지의 첫 손님이 되었다. 다음 날, 할아버지는 상기된 얼굴로 사무실 입구에 서 계셨다. 아주 반가워하며, 지금껏 장사하면서 그렇게 많이 팔아본 적이 없다며 내가 '첫 개시'를 해서 그랬다고 말씀하셨다. 그날도 첫 개시를 해달라 하셨고, 그다음 날부터는 애원하듯 간절하게 "첫 개시 해줘. 첫 개시 해줘." 하셨다.

그렇게 할아버지는 나를 아주 특별한 손님이라 부르며, 내가 출근하기 전에 미리 오셔서 매일 아침 입구에서 기다리셨다. "양말 사, 양말 사."라는 전에 없던 애절한 노래가 시작되자, 나는 가게 앞을 지나는 것이 불편해져 후문으로 출근하는 쪽을 택했다. 퇴근할 때도 할아버지를 등지고 휙 지나치기 바빴다. 그날도 내가 보이지 않아 이상하게 생각하셨는지 퇴근 시간에 입구에 서 계셨고, "내일 아침에 개시해 줘."라고 하셨지만, 나는 아무 대답도 하지 않고 사라졌다.

그때 나는 토큰 한 달 치를 달랑 들고 다니며 겨우 목숨만 부지하고 있던, 별로 재미없는 인생이었다. 돈 구경하기 어려웠고, 돈이 없으면 종로에서 홍은동까지 걸어가는 날도 있었다. 배도 마음도 고팠던 시절이었다. 양말 하나를 여유 있게 사서 신고 우아하게 커피를 마실 수 있는 긍정의 힘조차 내게는 없었다. 겨우 하루를 연명할 뿐이었다. 직원도 어렵긴 마찬가지였기에, 할아버지의 기대감을 무너뜨리고 도망치기 바빴다.

그런데 얼마나 시간이 지났을까. 출근 시간에도, 낮에도 할아버지가 보이지 않았다. 약국 앞은 휑한 느낌이 들었다. "무슨 일이지?" 역으로 내가 할아버지를 기다리게 되었다. 시간이 더 흘러가자 후회와 더불어 그리움의 감정이 밀려왔다. 건물 앞에는 노점을 하는 사람이 아무도 없었다. 그 자리에는 주름이 깊게 패고 검게 그을린 할아버지의 자취만 남아있을 뿐이었다.

돌아가셨다고 생각하니 내 심장이 쿨렁거렸다. 나도 그곳을 떠났고, 그 후 다시는 노점상이 생기지 않았다. 가끔 바람처럼 그곳을 기웃거리며 지나갔다. 오랜 세월이 지났지만, 작은 키에 겸손하셨던 할아버지가 나에게 '특별한 손님'이라고 하셨던 말이 잊히지 않았다.

20여 년이 지난 후, 나는 색다른 방식으로 속죄하는 마음으로, 물건을 살 일은 없지만, 빈 가게만 골라 들어가기 시작했다. 내가 먼저 들어가 있으면 뒤따라 손님들이 들어오긴 했다. 주인이 "같이 온 손님이세요?" 하고 물으면 나는 "아니요."라고 대답했다. 할아버지의 말씀이 사실이든 아니든, 돕는다는 마음으로 '말 없는 호객 행위'를 시작하게 되었다. 지금 생각하면 우스꽝스러운 일이지만, 그때는 그것이 나의 진심이었다.

"첫 개시 해줘." 하시던 그때, 할아버지의 몸에 힘이 들어가 있었고 생기가 돌았는데, 내가 그 부탁을 들어주지 않아 얼마나 섭섭하셨을까. 미안함에 나는 나대로 가슴이 아리다. 서운한 내색은 하시지 않았지만, 그 얼굴빛이 여전히 지워지지 않는다.

50대 후반이 되어 나는 그 이상한 행동들을 멈추고, 봉사라고 하던 빨간 밥차나 새집 달기 같은 활동도 다 내려놓았다. 돕는 일은 여러 경로가 있다는 것을 알고 방법을 바꾸어 시간을 아끼게 되었다. 어려서부터 내 인생을 망쳤다고 생각해 꼴도 보기 싫었던 글자와 화해를 하고, 밀린 공부와 문학에도 도전하고 있다.

옥죄이는 삶의 무게에 눌려 힘들었던 지난날의 이야기가 어디 나쁜 일까. 누구나 흔들리며 사는 게 인생이라는 것을 왜 그때는 몰랐을까. 인생의 깊이를 느끼기 위해 후회할 맛도 알아야 한다지만, 이제는 후회할 일은 없었으면 좋겠다.

노래 가사처럼 '난 참 바보처럼 살았군요.' 덧없이 흘러버린 세월을 후회하지 않을 수 없지만, 63으로 건너뛴 내 삶, 아직 채우지 못한 페이지를 탓하지 않겠다. 할아버지의 '첫 개시'를 거절했던 무력한 과거의 나는 없다. 돈과 생존의 무게에 짓눌려 타인의 간절함을 외면했던 과거와 단절했다. 이제 나는 안다. 가장 중요한 개시는 바로 나 자신에게 해야 하는걸. 남은 생을 정갈하게 써 내려가는 것이야말로 할아버지께 드리는 가장 늦고도 따뜻한 답장임을. 더딘 내 인생이지만, 이제부터는 나 자신을 위해 정성껏 개시하련다.

쪽지

중3 시절, 누구에게서 시작했는지는 모르지만 딱지처럼 접은 자습서 속지까지 날아다녔다.

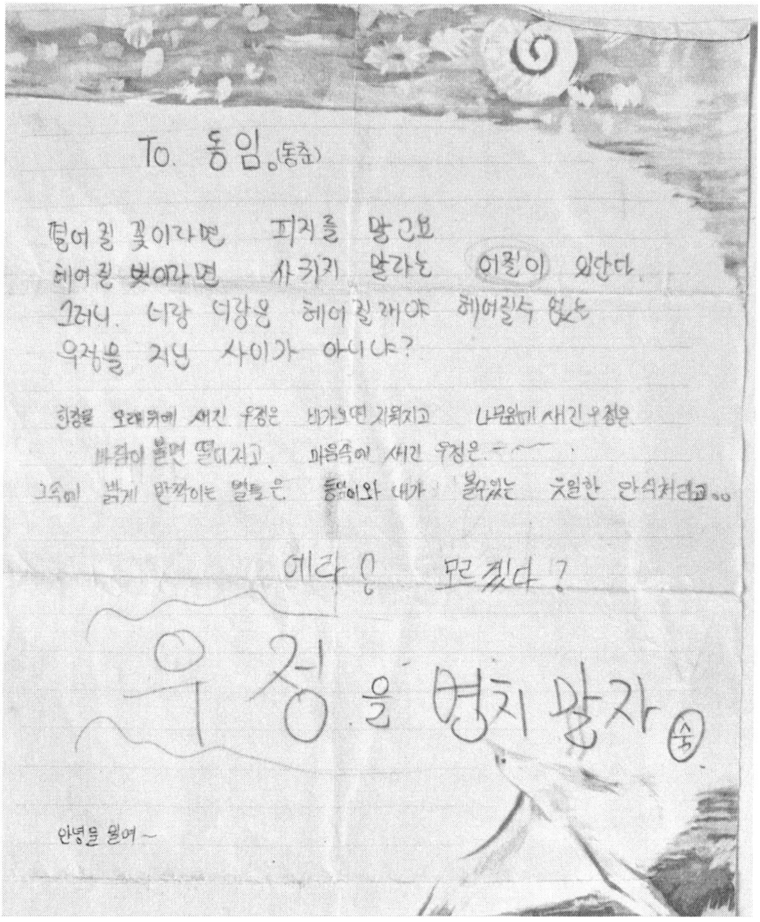
To. 동임。(동춘)

떨어질 꽃이라면 피지를 말고요
헤어질 벗이라면 사귀지 말라는 이말이 있단다.
그러니. 너랑 나랑은 헤어질래야 헤어질수 없는
우정을 지닌 사이가 아니냐?

희경! 모래위에 새긴 우정은 비가오면 지워지고 나무위에 새긴 우정은
바람이 불면 떨어지고, 마음속에 새긴 우정은 ~~.
그속에 밝게 반짝이는 별들은 동임이와 내가 볼수있는 [illegible] 안식처래요..

에라 ! 모르겠다 ?

우정을 변치 말자 (숙)

안녕을 빌어~

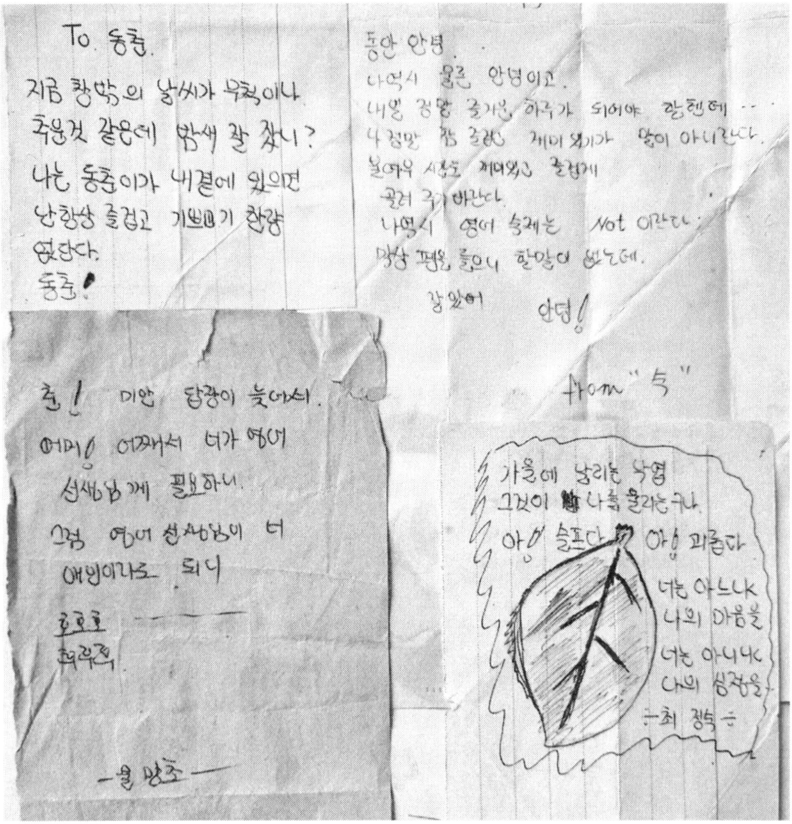
To. 동춘.
지금 창밖의 날씨가 무척이나
추운것 같은데 밤새 잘 잤니?
나는 동춘이가 내곁에 있으면
난 항상 즐겁고 기쁨이 한량
없단다.
동춘!

동안 안녕.
나역시 물론 안녕이고.
내일 정말 즐거운 하루가 되어야 할텐데…
나 정말 참 즐겁고 재미있기가 말이 아니란다.
볼여우 사장도 재미있고 즐겁게
골려 주기 바란다.
나역시 영어 숙제는 Not 이란다.
막상 펜을 들으니 할말이 없노네.
잘있어
안녕!
from "숙"

춘! 미안 답장이 늦어서.
어머! 어째서 너가 영어
선생님께 필요하니.
그럼 영어 선생님이 너
애인이라도 되니
호호호
최숙적.
—을 망초—

가을에 날리는 낙엽
그것이 나를 울리는구나.
아! 슬프다 아! 괴롭다
너는 아느냐
나의 마음을
너는 아니냐
나의 심정을
-최 정숙-

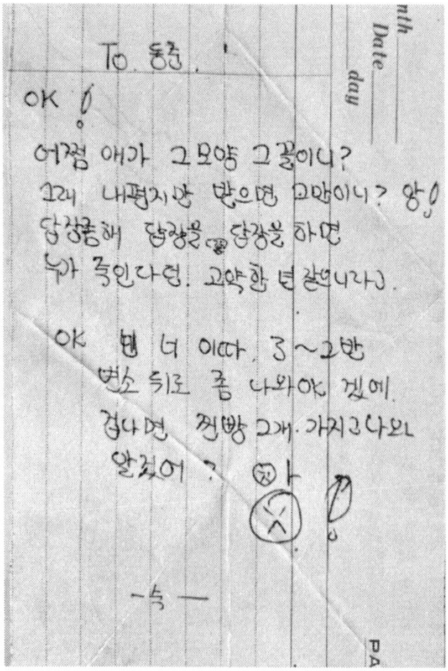

To. 동준.

OK!

어쩜 애가 그모양 그꼴이니?

그래 내편지만 받으면 그만이니? 앙!

답장좀해 답장을 답장을 하면

누가 죽인다던. 고약한 년 같으니라고.

OK 뭔 너 이따 3~2반

변소 뒤로 좀 나와야 겠어.

없다면 찐빵 2개 가지고나와

알겠어?

—수—

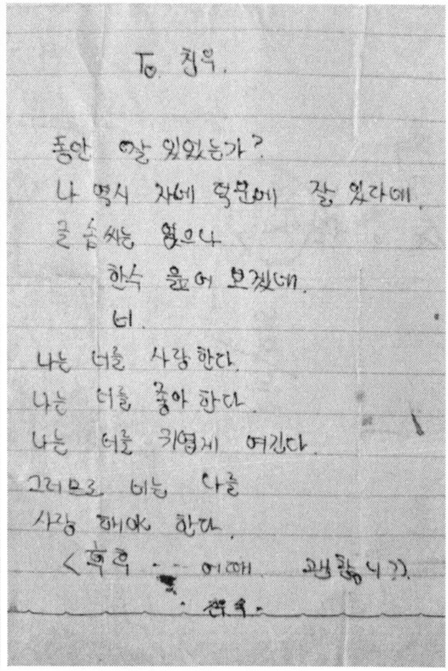

To. 청우.

동안 잘 있었는가?

나 역시 자네 덕분에 잘 있다네.

글 솜씨는 없으나

한수 읊어 보겠네.

서.

나는 너를 사랑한다.

나는 너를 좋아 한다.

나는 너를 귀엽게 여긴다.

그러므로 너는 나를

사랑 해야 한다.

<후후 ... 어때. 괜찮니?>

동준.

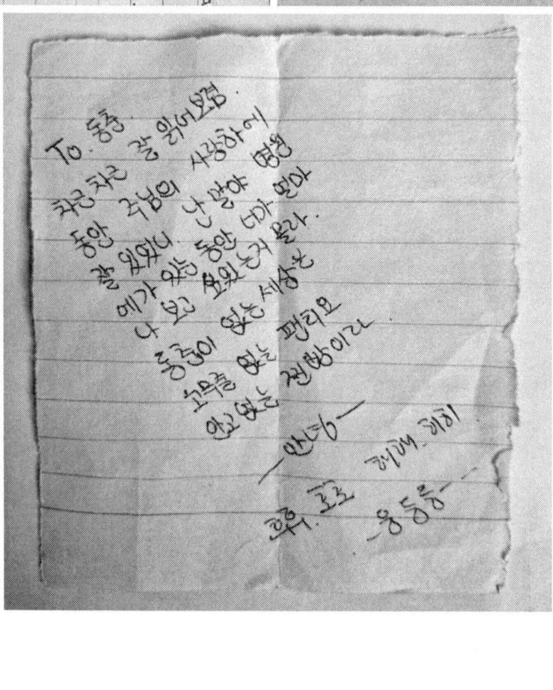

To. 동준.

차근 차근 잘 읽어보렴.

동안 주님의 사랑하에 영원

잘 있었니. 난 말야 너가 뭘마

메가 있는 동안 보았는지 몰라.

나 보고 있는 세상은

동준이 없는 펭귄요

소금을 없는 찐빵이라

앙꼬 없는 찐빵이라

—안녕—

찌찌. 히히

호호. 호호

—동동동—

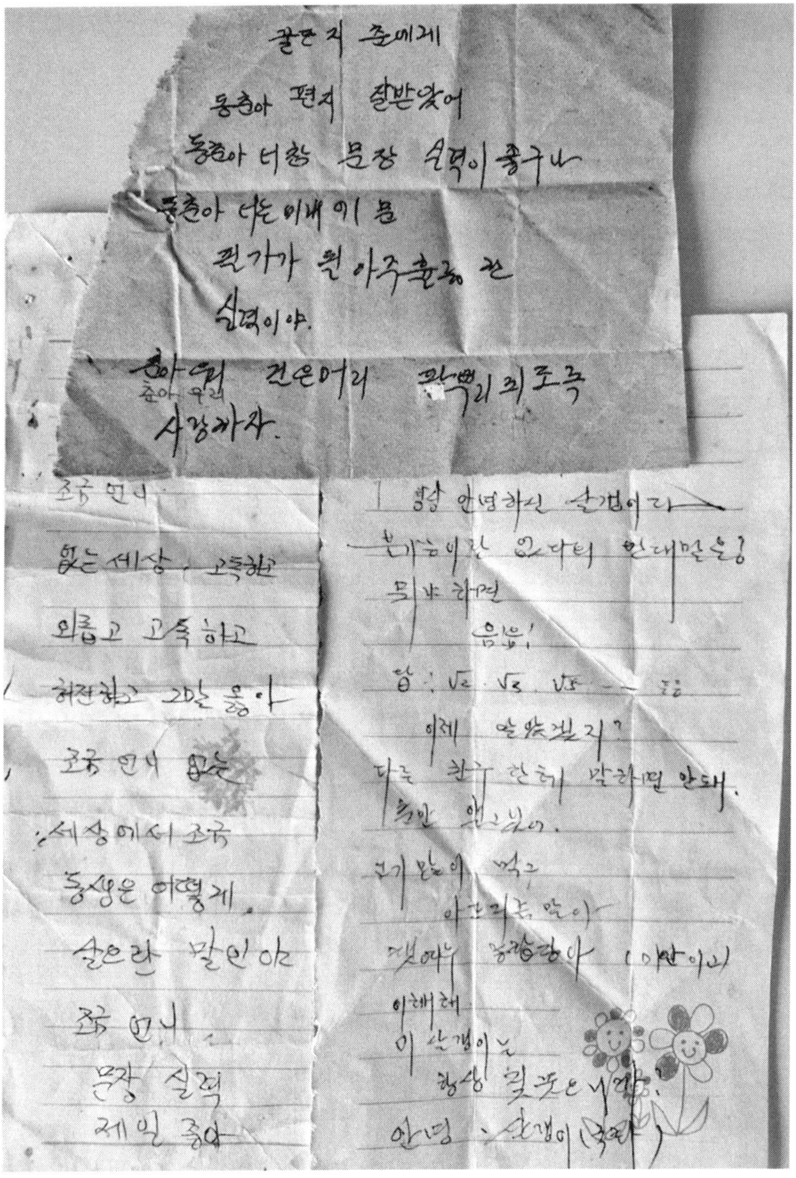

꿀돈지 준에게

동춘아 편지 잘받았어

동춘아 너참 문장 실력이 좋구나

동춘아 너는 이내 이 몸

평가가 뭔 아주 훌륭한

실력이야.

춘아 우리 [illegible] 건은머리 [illegible]리의 조금

사랑하자.

조금 언니

없는 세상, 고독하고

외롭고 고독하고

허전하고 그러는 몸이

조금 언니 없는

세상에서 조금

동생은 어떻게

살으란 말인야

조금 언니,

문장 실력

제일 좋아

항상 안녕하신 산개비다

불가능이란 없다의 반대말은?

뭐냐 하면

음음!

답: √2 √3 √5 … 등

이제 알았겠지?

다른 친구한테 말하면 안돼.

[illegible] 알고 있어.

고기 많이 먹고

[illegible] 많이

재밌어 [illegible] (미안이고)

이해해

이 산개비는

항상 [illegible]

안녕, 산개비 ([illegible])

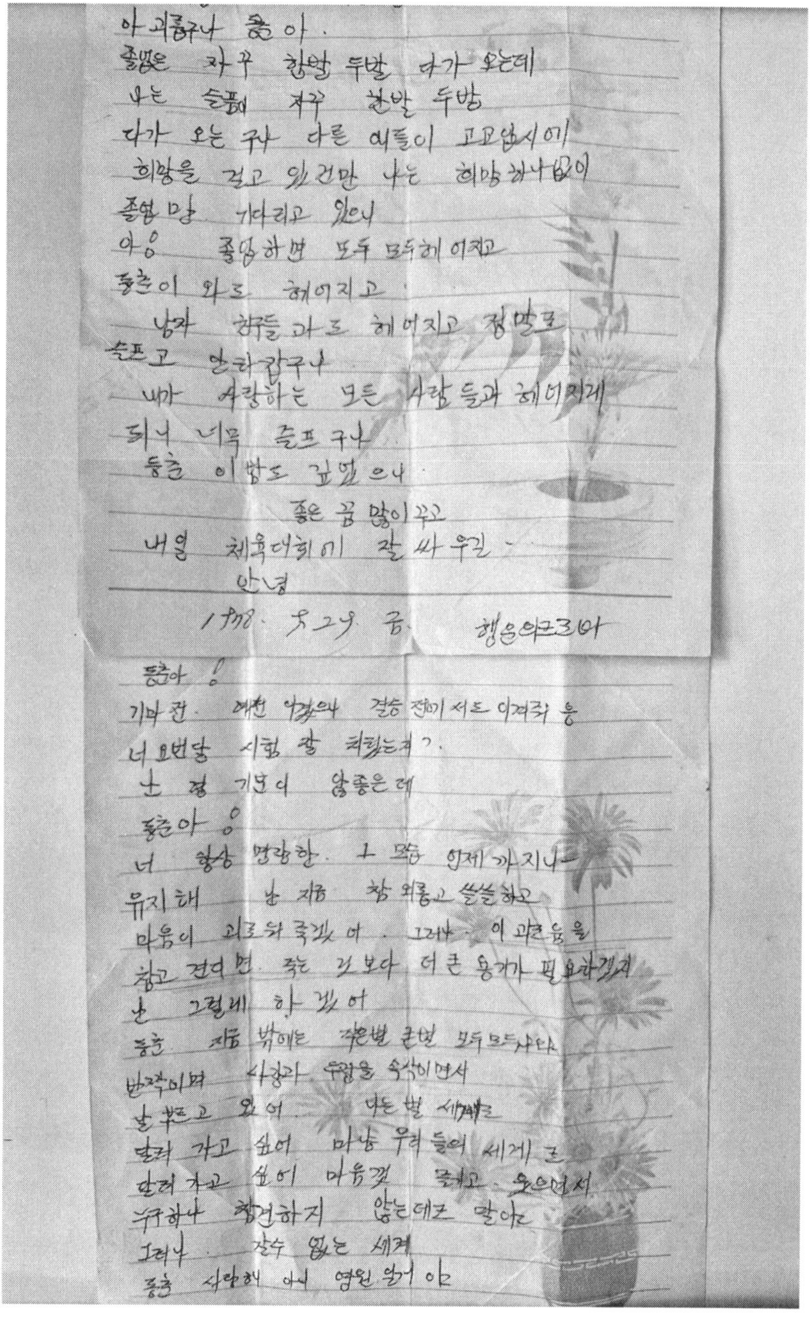

아 괴롭구나 동춘아.
졸업은 자꾸 한발 두발 다가 오는데
나는 슬픔이 자꾸 한발 두발
다가 오는구나 다른 애들이 고교입시에
희망을 걸고 있건만 나는 희망 하나 없이
졸업 만을 기다리고 있으니
아응 졸업하면 모두 모두 헤어지고
동춘이 와도 헤어지고
남자 친구들 과도 헤어지고 정말로
슬프고 안타깝구나
내가 사랑하는 모든 사람 들과 헤어지게
되니 너무 슬프구나
동춘 이 밤도 깊었으니
좋은 꿈 많이 꾸고
내일 체육대회에 잘 싸우길 ~
안녕
1978. 5. 29. 금. 행운의 크로바

동춘아!
기마전. 예선 이겼으니 결승 전에서도 이겨라 응
너 요번달 시험 잘 쳤는지?
난 정 기분이 안좋은데
동춘아
너 항상 명랑한 그 모습 언제 까지나
유지해 난 지금 참 외롭고 쓸쓸하고
마음이 괴로워 죽겠어. 그러나 이 괴로움을
참고 견디면 죽는 것 보다 더 큰 용기가 필요하겠지
난 그렇게 하겠어
동춘 지금 밖에는 작은별 큰별 모두모두 나와서
반짝이며 사랑과 우정을 속삭이면서
날 부르고 있어. 나는 별 세계로
달려 가고 싶어 마냥 우리 들의 세계 로
달려 가고 싶어 마음껏 뛰놀고 웃으면서
누구하나 참견하지 않는데로 말이다
그러나 갈수 없는 세계
동춘 사랑해 아니 영원 일거야

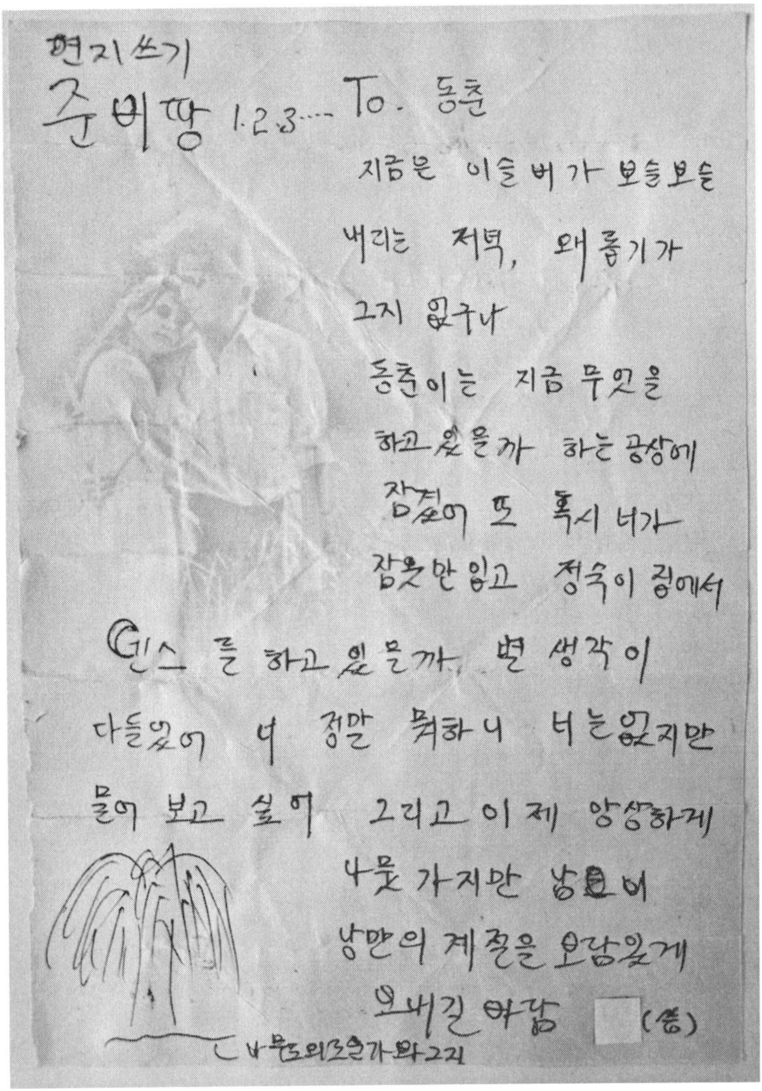

편지쓰기

준비땅 1.2.3.... To. 동춘

지금은 이슬비가 보슬보슬
내리는 저녁, 왜롭기가
그지 없구나
동춘이는 지금 무엇을
하고 싶을까 하는 공상에
잠겼어 또 혹시 너가
잠옷만 입고 정숙이 집에서
댄스를 하고 싶을까, 별 생각이
다들었어 너 정말 뭐하니 너는 없지만
몹이 보고 싶어 그리고 이제 앙상하게
나뭇 가지만 남오비
낭만의 계절은 오담없게
보내길 바람 (씀)

ㄴ 나무도외로운가봐그리

아버지의 뒷모습

아버지와 소가 달구지를 끌고 큰 재를 넘어갔다. 나는 오후가 되자 두 남동생을 데리고 산을 향해 올라갔다. 산 중턱을 못 미쳤을 때 아버지와 소달구지가 내려오고 있었다. 좁은 산길에서 아버지 몸은 앞으로 쏠려 휘청였고, 위태롭게 소 앞과 옆을 오가며 절뚝거렸다. 위험해 보였다. 그런데 소는 등에 멘 달구지가 있어도 꿈쩍도 안고 아버지 뒤에서 뚜벅뚜벅 내려왔다. 미끄럽기는 소도 마찬가지일 텐데 아버지를 지키고 있는 듯했다.

어린 우리는 거북이처럼 느릿느릿 산을 오르다, 아버지와 소달구지가 내려오는 것을 보자 허리를 굽히고 종종걸음으로 다가갔다. 아버지가 소에게 '와와'라고 말씀하시자 소가 멈춰 섰다. 그러자 아버지는 우리에게 달구지에 타라고 하셨다. 타고 내려오는데 겁도 났지만 재미있었다. 근데 큰 산자락 끝까지 다 내려왔다. 이제 3백 미터 정도 가면 집인데 아마 급경사라 그러셨는지 산 능선을 따라 아주 먼 길을 돌아가셨다. 동네 입구에 들어섰는데 아버지는 소 옆에 서서 걸으셨다. 평지

길이라 타셔도 되는데. "아버지 타." "너네나 타고 가라~" 나는 다시 한 번 "아버지 타라니까요." 했지만 침묵만이 돌아왔다. 다리도 아프실 텐데….

아버지라는 이유 때문에 자식 앞에서 저래야 하는 건가? 아버지는 늘 우리의 기둥이었지만, 그때 아버지와 소의 뒷모습은 유독 빛바래 보였다. 작은 내 마음이 좀 아팠다. 아버지는 소 옆에서 소 발걸음에 맞추어 조용히 걷고 있었다. 재촉도 하지 않았다. 산에서는 소가 아버지를 지키며 내려오는 모양이었고 평지에서는 아버지가 소를 위로하고 있었다. 험한 산도 언덕도 위험해서 운전하듯 해야 하니 안 타시는 줄 알았는데 그건 나의 착각이었다. 아버지의 깊은 마음속을 다 상상하고 이해할 수는 없지만, 아버지는 몸과 마음을 소와 함께하고 있었다. 힘들어도 같이 힘들어해 줬다. 처음부터 끝까지 소랑 집으로 걸어 오셨다. 나도 내려서 걸어갈까 했는데, 그렇게 하면 아버지가 불편해하실까 봐 참았다.

아버지는 인연을 맺고 살아가는 한 마리의 소도 진정한 가족으로 여기셨으리라. 소가 짐수레를 끌고 힘겹게 재를 올라갈 때 아버지는 뒤에서 '어이어이' 하며 수레를 밀었다. 구불구불한 산길이라면 더 걸어야 하겠지만, 오르막길이라 자칫 잘못하면 소 등치가 크다지만 짐을 싣고 오르내리다가 구를 수도 있고 짐을 끓고 올라가는 것 또한 쉽지 않았을 것 같다.

언젠가 아버지가 산에서 나뭇짐에 깔렸었는데 살았다고 엄마가 말했다. 옆에서 듣고 있던 아버지는 그때 숨을 겨우 쉬었다며 참으로 다시 산 거라고 했다. 산에서 뒤에서 수레를 미는 것도 위험천만한 일이었다.

소 곁을 지키며 끝까지 걸어주신 일은 동반자 소에게 보여주신 아버지의 깊은 사랑이었다. 집에 도착하자 나는 소에게 달구지 태워줘서 고마웠다고 한번 쓰다듬어 주었다. 아버지는 소 등과 목 위를 자신의 살붙이처럼 벅벅 긁어주고 주무르고 비벼주었다. 푸짐하게 여물을 주는 아버지에게 소는 "푸우 푸우" 소리를 낸 후 먹었다.

꼭 "아저씨도 저녁 드세요. 고생했어요."라는 것처럼 들렸다.

그날 모두 잠든 고요한 밤이었다. 달구지도 달빛을 덮고 자고 있었다.

소는 아버지의 특별한 동반자로 묵묵히 손과 발 어깨를 내어주고 아버지의 구령 소리에 맞춰 밭을 갈았다. 아버지도 땀에 흠뻑 젖어 노곤해 보이셨다. 밤이면 녹초가 되셨지만, 다음 날 새벽이면 그 소금기 배어있는 옷을 주섬주섬 입으시고 밭으로 발걸음을 떼셨다. 잠시 들어와 아침을 드시고 재차 나가셨다. 그래도 아버지는 내가 어렸을 때 당신의 고단함을 전혀 내색하지 않으셨다. 가족에 대한 아버지의 사랑은 넘쳤다. 어미 가시고기가 그랬듯이, 당신의 모든 것을 끝까지 자식에게 다 내어주고 바치신 아버지는 이제 소달구지와 함께 하늘에 계신다.

아버지가 마시는 술 절반은 아버지의 눈물이라고 했던가. 품앗이 한 날이면 술을 드시고 잠 못 드셨던 아버지께, 나는 원망을 토해내는 누군가에게 직접 말하라고 했었다. 그 말에 어진 아버지는 당신이 때리면 죽는다고 했다. 나는 그 말에 깔깔 웃어 젖혔지만, 상처를 주기보다 상처받는 것이 늘 우선이었다.

좋은 음식은 꼭 남기셨는데, 다른 사람 몫 있으니 다 드셔도 된다고 권해도 배부르다며 밀어놓으셨다. 고기를 유난히 좋아하셨던 아버지. 이제는 그 효도하지 못한 것에 대한 풍수지탄(風樹之嘆)만이 남았다. 내일의 주머니가 풍요를 기약할 수 없더라도 오늘 해 드릴 일은 오늘 꼭 하자고 매번 다짐을 한다.

옹이처럼 투박한 아버지의 손마디는 거친 세월을 말해주지만, 나는 오늘도 아버지와 소의 땀이 배어있는 밭고랑 흙냄새가 그립다.

강원도 감자를 보며 추억을 찌다

"강원도 감자가 왔어요!" 추억을 찌는 확성기 소리가 골목을 울린다. 강원도 토종이라는 말이 정겹다. 강원도 감자가 왔어요. 강원도 감자라는 이름만으로도 마음이 끌리는 건 어린 시절의 기억 때문일 터이다. 트럭에 모래성처럼 쌓인 감자 한 봉지를 사 들고 와 옛 맛을 떠올렸다. 껍질을 깎아 찔까, 피감자로 찔까. 결국 추억이 그리워 껍질째 삶았다. 쪄서 갈라보니 감자에 하얗게 '눈'이 들어 있었다. 반가움에 고추장을 발라 먹으니, "아, 바로 이 맛이야!" 따스한 기운 속에서 옛 맛이 고스란히 살아있었다.

어릴 적, 갓 캐온 감자를 껍질째 삶아 피감자를 쪼개면, 눈처럼 뽀얗고 파삭한 속살이 드러났다. 뜨끈할 때 고추장을 발라 먹던 그 맛은 정말 일품이었다.

감자, 옥수수, 호박. 이 세 가지는 여름날 저녁 식탁의 기본이었다. 특히 쌀이 귀하던 시절이라, 밥상 위에서 이것들이 쌀의 역할을 대신해 주었다. 하지만 어린 내 입맛엔 이 투박한 끼니들이 늘 달가웠던 것은 아니다. 갓 쪄낸 따뜻한 감자는 달착지근하고 찰옥수수는 찰져서 맛있었다. 문제는 시간이 지난 때였다. 감자는 식으면 딱딱해져서 먹기 싫었다. 특히 식은 옥수수감자밥 속의 감자는 더욱 그랬다. 그 굳은 감자는 목에 꽉꽉 메어 체할 지경이었다.

감자는 우리 삶에 깊숙이 들어와 있다. 감자옹심이, 감자떡, 감자전, 감자채볶음 등 요리도 참 다양하다. 매운 칼국수 맛을 중화시켜 주는 것도 감자였다. 선크림이 없던 시절, 바닷가에서 탄 피부에 엄마가 강판에 썩썩 갈아 꾹 짜 붙여 주면 아픔이 가라앉았다. 감자는 좋은 약이었다.

감자 농사를 주로 짓던 동네라 그 시절, 오빠가 감자를 불 속에 넣어 굽다가 너무 구워서 새까맣게 타버렸다. 그래도 우리는 그 감자를 꺼내 먹는데 동생들 코와 입가가 시커멓게 물들었던 유쾌한 기억도 불쑥 떠오른다. 돌아보면 시커멓게 탄 감자를 먹는 일도 즐거웠지만, 그 모습이 참 따뜻하고 보기 좋았기에 살맛 나는 것 같아 새삼 그리움이 밀려온다.

식은 감자에 대한 좋지 않은 기억 때문에 외지로 와 감자를 멀리하고 살았다. 그런데 요즘 들어 자꾸 감자가 구미를 당겨 냉장고에 기본 식재료로 넣어 둔다. 옛사람을 그리워하듯, 입맛도 옛 맛을 그리워하나 보다. 감자를 강판에 갈거나 얇게 저며 기름에 노랗게 익히면 어김없이 옛 맛이 난다. 남편도 감자전을 좋아해서 가끔 해주면 잘 먹는 것을 보면, 식었던 사랑이 다시 돌아온 셈이다.

"억지로 기억하지 않아도 몸이 기억한다."라더니 정말 그랬다. 입맛이 없을 땐 감자옹심이나 김치나 호박, 고추를 쫑쫑 썰어 넣은 감자 부침개가 최고의 진미다. 옛날 내 입맛에는 고추장 범벅 감자 반찬이 안성맞춤이었다. 매콤달콤하게 만들어 참 많이도 먹었던 그 반찬이 지금 냄비에서 끓고 있다.

오랜만에 감자 잔치를 하듯 반찬을 만들었다. 피감자를 쪄서 껍질을 벗기는데 감자가 "우리 옛날에 많이 놀고 좋아했잖아." 하고 속삭이는 듯하다. 냄비 속에서 감자 반찬이 보글보글 웃는다. 식은 감자가 싫어 돌아섰던 나였지만, 식은 감자가 몸에는 더 좋다고 한다. 이제는 식으면 감자스프나 감자고로케를 만든다.

감자가 식으면 멀어졌듯, 사람 사이의 마음도 마찬가지일 터. 쉽게 식지 말아야지, 식어도 다시 뜨겁게 데울 줄 알아야지 하는 생각을 하니 웃음이 난다. "어려서는 너의 차가움을 몰라서 그랬지만 이제는 알았으니 감자야, 네가 식으면 나랑 같이 뜨겁게 재생하며 잘 지내자꾸나."

엄마가 솥뚜껑을 열면 김이 얼굴을 하얗게 가려도 금방 꺼내 준 그 감자. 물렸던 기억보다는 맛있던 걸 더 기억하는 입맛인가 보다. 구관이 명관이라고, 나는 옛 감자 맛이 그리워졌다. 오랜만에 깎아본 감자의 속살처럼, 내 삶도 겉치레 없이 순수한 본모습이길 바라본다.

내 어릴 적에는 손보다 커서 내 손에서 빙빙 헛돌았는데, 이제는 내 손안에서 동글동글 돌아가며 동그란 미소를 짓고 있다. 이제 변치 않는 따뜻한 모습으로 내 손에 있음을 나는 온몸으로 받아들인다.

네 개의 눈이 사랑하는 법

내 두 눈이 세상을 담아내면, 마음의 두 눈은 그것을 사랑으로 분별하고 절제한다. 네 개의 눈은 서로 도우며 화목을 이루어 내 이야기를 함께 가꾸어간다. 하루 종일 분주했던 눈이 고요해졌다. 이윽고 육체의 눈이 피로를 씻는다. 얼마나 시간이 지났는지 감은 눈꺼풀 사이로 자정이 넘은, 새벽 2시를 확인한다. 바깥세상도 거실에도 모두 잠든 소리만 들려온다. 하지만 내 동공은 흔들린다. 눈은 다시 스캔을 시작한다. 11월, 늦가을 밤 잎새에 새겨진 이야기는 어떤 색깔일까.

그렇게 감상하다가 깜빡 졸다 깨어 시간을 보니, 어느덧 3시 30분. 아쉬움을 뒤로한 채 못다 읽은 페이지에 서표를 꽂고 잎새를 덮는다. 열리고 닫히며 피곤했던 눈은 맑은 수액으로 피곤을 씻듯 흘리며 눈꺼풀을 닫는다. 수많은 것을 바라봐야 하는 눈, 그 눈을 위로해 주는 짝꿍 눈꺼풀이 있어 고맙다. 하루 동안 눈의 수고에 나는 한숨을 내뿜었다. 그 한숨은 무거운 시름을 내려놓는 위로였다. 그제야 외부를 차단하고 내면을 성찰할 시간과 쉼을 선물 받았다.

몸에 소중하지 않은 것은 하나도 없지만, 이제 눈의 고마움과 미안함이 든다. 모든 것은 서로 평화를 이루며 돕고 살다 기력이 쇠할 때도 있는 법. 아흔 여섯이셨던 할아버지는 내가 큰 소리로 말하지 않아도 알아들으셨다. 오랜 세월 귀가 어두워 듣지 못하셨지만, 할아버지는 입술 모양새만 보고도 무슨 말인지 아신다고 했다. '귀보다 눈이 안 보였으면 훨씬 답답했을 거'라며, 눈으로 볼 수 있는 기쁨, 슬픔, 즐거움, 아름다움에 감사하셨다.

내 두 눈이 보고 욕심을 내게 하는 '견물생심(見物生心)'의 유혹! 이 유혹이 독이 되지 않도록, 나는 마음의 눈까지 맑게 밝히기를 애써본다. 눈의 수고로움에 잠시 눈을 감고 묵상한다. 만일 하나님이 내게 "무엇을 보고 무엇을 하다 왔느냐?"라고 물으신다면, 내 눈은 성실하게 보고 진실하게 살다 왔다고 대답할 수 있을까? 대답할 수 있어야 할 텐데. 눈은 오만가지를 수없이 보고 기억장치로 전달한다. 이 많은 것들이 오감까지 자극했으니, 마음의 눈 또한 옳음을 위해 얼마나 힘들었을까 싶다.

하지만 눈은 쉴 수 없다고 고집한다. 후회한 날이 많아 더욱 그러한가 보다. 내 눈은 이야기를 끊임없이 보고 싶어 하고, 또 글로 풀어내고 싶어 한다. 세상 들판을 휘저으며 시선을 사로잡고 싶어 한다. 무거운 눈꺼풀을 달래며 가난한 종이에 끊임없이 글을 옮겨 심는다. 매상을 올리는 호객꾼처럼 독자의 '안목의 정욕'을 자극하는 매혹적인 글을 써야 독자의 입맛을 당긴다며, 눈을 혹사하는 고집을 부린다. 수많은 활자들이 땀을 흘리며 열매를 맺기도 한다. 그렇게 꿈을 펼쳐가게 하는 내 눈과 눈이 있다. 저물어가는 시간을 보며 눈동자는 겨우 쉼표로 잠이 든다.

아침이면 새로운 눈을 뜨고 많은 것을 그리워한다. 이 깊고 깊은 산속에 얼마나 많은 이야기가 숨어있는지. 다시 숲을 뒤적거렸다. 성경 동시 그림 수필 시의 숲을 빠르게 스캔했다. 그 모든 것이 내게 감동과 감격을 안겨주니, 이 또한 눈이 주는 기쁜 일이다. 반면 내 눈이 안쓰럽다.

나는 윤동주의 《서시》를 좋아했다. 의도적이지 않았지만, 본능적으로 좋아했다. 어쩌면 시인처럼 살지 못하기 때문이었으리라. 문득, 내 눈을 자극했던 모습들이 하나둘씩 떠오른다. 눈이 해야 할 일은 좋은 것을 여러 번 스캔하고, 눈이 준 이야기를 마음의 창으로 받아들이는 일이었다. 더러운 것, 나쁜 것은 골라내 삭제하고, 좋은 것은 행해야 제 맛을 낼 수 있었다.

내 눈은 시선을 사로잡힐 때가 있었고 사로잡아야 할 때가 있었다. 그렇게 봄 들판을 헤매며 무언가를 찾고, 땀 흘리는 여름을 지나 다시 가을이 왔다. 잎새 하나하나에 새로운 이야기를 적어야 했다. 그런데 눈의 고마움을 알아야 눈도 덜 피곤하다. 눈물방울을 넣고 침침한 눈을 감아 본다. 바쁜 만큼 눈은 많은 것을 사랑한다. 눈은 많은 창을 가지고 있지만, 이제 어떤 새 창을 열 것인가. 훗날 후회가 없는 추억이어야 한다고 생각한다. 눈이 주는 한없는 은혜에 감사하며, 지친 눈에게 두 손으로 가벼이 눌러 준다. 네 개의 눈은 비로소 진정한 화목을 이루며, 새로운 봄을 맞이할 조화로운 힘을 얻는다.

쥐 천사

밤마다 천장으로 '이 세상의 부당함'이 지나갔다. 나는 죽은 자처럼 누워, 천장 위의 쥐들의 행렬이 내 삶의 고통을 짓밟고 지나가는 노선이라고 상상했다. 쥐 무게에 따라 발소리가 달랐다. '투르르륵, 타르르륵' 소리를 내는 맨 앞 쥐를 아빠 대장 쥐라고 짐작했다. 뒤따르는 작은 쥐들의 '도르륵' 거리는 발소리는 때론 귀엽게도 느껴졌다.

어둠 속 울림은 내 잠을 갉아 먹었다. 그러니 행차를 막을 만한 묘안이 필요했다. 쥐들의 경로는 내 우울의 리듬처럼 늘 일정했고 경로를 이탈하지 않았다. 나는 일어나 옷장으로 가 서랍 속 상자를 꺼냈다. 실이 꿰어진 바늘 하나를 들고, 과녁을 행해 꽂았다. 잠시 숨죽인 침묵이 흘렀다. 드디어 들어오는 소리가 나기 시작했다. 행렬 맨 앞과 두 번째가 지나가고, 세 번째 쥐가 '찌이익찌이익' 비명을 질렀다. 바늘 끝에 꽂힌 내 울분처럼, 쥐는 날카로운 비명을 지르며 옆으로 데구루루 굴렀다. 일행 두세 마리가 같이 따라가 어쩔 줄 몰라 하는 발소리가 났다. 그렇게 한참을 슬프게 울었다. 내 마음은 통쾌함 대신 오히려 찢어지는 듯 아파왔다.

다음 날부터 천장에 쥐가 나타나지 않아 적막하기만 했다. 대신 안방 천장은 예전과 달랐다. 노선이 바뀐 쥐들이 헤어져 길을 잃고 방황하며 여기저기서 두려움에 떠는 울음소리를 냈다.

그해 겨울이었다. 주인집 아이들이 나를 정신없이 불러댔다. 재네들이 왜 저러지? "무슨 일이니?" 목각 인형처럼 셋이 나란히 서서 "쥐 쥐!" 한다 "어디?" "저기." 거실 마루 난로 옆에 쥐가 있다는 거였다. 바늘 하나로 공을 세운 개선장군이라도 된 기분으로, 용감한 척 빗자루를 집어 들고 난로 옆을 살펴보았다. 마루 밑 연탄 옆에 생쥐 한 마리가 있었다. 까만 눈이 예뻤다. 나를 보고 꼼짝도 않고 있었다. 나는 속으로 "야, 빨리 도망쳐." "비켜야 가지요!" 얼른 아기 쥐 들으라고 "없네! 없네!" 하면서 비켜주었다. 다시 찾는 척하며 가 보았다. 사라져 안심이었다, 휴~

그해 여름이 오자 3층 창문 밖을 내려다보았다. 사람들이 만들어 놓은 웅덩이에 쥐 두 마리가 물속에서 햇살을 받으며 수영하며 놀고 있었다. 혐오스러웠던 어둠의 존재가, 그 찰나, 다정한 연대를 보여주었다. 한 마리가 물에서 나와 돌 위에 서서 앞발을 들고 망을 보았다. '징그러운 동물 아니었구나. 쥐도 서로를 지켜주며 다정하게 사는구나.'부러웠다. 홀딱 젖은 몸은 볼품없었지만, 누군가가 저렇게 나를 지켜주며 사이좋게 지낼 수 있다면 얼마나 좋을까. 나도 행복하고 싶었다.

미래를 꿈꾸며 잘 살겠다고 서울로 왔는데 사람을 잘못 만나 절망에 빠지고 말았다. 잠을 못 잔 이유가 있었다. 나는 약속된 때가 없는 부당한 노동을 견뎌야 했다. 감당하기 어려운 경제적 손실까지 겪었다. 막막한 장래까지 더해, 참담한 현실은 밤마다 나를 괴롭혀 밤에는 가슴이 결려 숨을 쉴 수가 없었다. 베개를 안고 앉은 채 겨우 토끼잠을 자야 했다. 그러다 통증이 가라앉으면 삼가 가만히 미라처럼 누워 잠들지 못해 밤새 깨어 있어야 했다. 절망과 슬픔에 잠들 수 없었기에, 나는 내 속울음 대신 쥐에게 그 덤터기를 뒤집어씌웠다. 쥐 아픈 소리가 "왜 나한테 이러는 거예요!" 내 통한의 외침 같았다. 나는 쥐처럼 비명을 지르지 못했다. 겁이 났다. 입도 달싹 못 한 무작정의 침묵, 그것이 화근이었다. 법적인 도움을 청하는 것조차 망설여질 만큼, 세상의 정의에 대한 믿음이 흔들렸다. 한밤의 쥐의 울음이 내 속울음이었다. 아픔을 겪은 쥐들의 일상은 리듬을 잃고 나 역시 여전히 기약 없는 나날이었다.

쥐를 보고 다정한 세상을 꿈꾸었다. 이제 그 소박한 꿈을 이루어 가는 중이다. 억울한 분노에 찼던 세월이었지만 뒤늦게 문학의 꿈을 쫓아간다. 쉽지 않지만 발맘발맘 밟아가는 이 과정을 향유하는 것 자체가 자랑스럽고 뿌듯하다. 과거 나를 힘들게 했던 모든 것에 대해 마음을 내려놓으니, 내 인생을 살 수 있는 해방감에 하루하루가 행복하다.

자신 있게 말할 수 있다. 캄캄했던 지난 세월이 내 인생에 유익이었다고! 지나가리라.

죽어지내던 삶이여, 안타까웠던 세월이여. 나는 이제 그 터널을 통과했다. 두 손을 높이 들고, 하늘을 향하여 목이 터지도록 외쳤다. 나는 자유를 얻었노라고! 몸을 던져 핏빛으로 물들 뻔했던 내 삶을 빛으로 바꿔준, 삶의 가치와 위로의 자극제가 되어준 존재. 바로 두 마리의 쥐 천사였다.

한없이 나약하고 어두웠던 세상에 대항할 용기마저도 없을 때. 두 마리의 쥐가 희망의 천사처럼 내 앞에 나타나지 않았더라면. 내 소중함을 깨닫지 못했을지도 모른다. 그 사건이 고마워 그때를 돌아본다. 지금은 하나님을 만나 용서의 길을 간다. 뼈저리게 느끼는 건 좋은 사람 만나야 한다는 사실이다. 내 스스로 누군가에게 좋은 사람이 되어 주자.

인생은 죽을힘을 다해 살아볼 만한 일이다.

오다리와 고스톱

나이 드신 부모님과의 여행은 언제나 근거리로 제한된다. 2박 3일이 딱 적당하다. 연달아 여행을 가는 것도 조심스럽고, 밖에서 식사하고 집에 돌아오면 두 분이 딱히 할 일이 없어 누워 계시는 모습이 마음을 불편하게 한다. 넋 놓고 텔레비전을 보는 것도 마뜩잖아 궁리 끝에 시작한 것이 바로 고스톱이다. 사실은 나 역시 고스톱을 좋아한다. 평소에는 안 해도, 화투장을 딱딱 치는 소리가 묘하게 흥분시킨다.

먼저, 고스톱을 좋아하는 엄마부터 슬쩍 섭외해야 한다. "엄마, 고스톱 하실래요?" "그래, 하자."라는 답이 돌아온다. "화투 어디 있어요?" "저기 있다." 화투 두 묶음을 가져다 놓고, 다음 단계는 아버지께 접근하는 일이다. 쉽지는 않다.

"아버지, 화투 쳐요."

"싫다."

"뭐라고요? 싫다고요?"

누워 계신 아버지 방으로 가서 "왜 싫어요? 같이 해요!" 아버지는 무릎이 좋지 않아 오랫동안 일을 하지 못하셨고, 다리도 완전히 오다리가 되었다. 이런 아버지를 반쯤 강제로 일으키는 나만의 워밍업이 있다. "안 일어나면 아픈 다리 당길 거예요!"라며 으름장을 놓는다. 살짝 당기는 시늉을 하면 "아, 아프다~" 하며 엄살을 부리신다. 나는 "아프긴 뭐가 아파요? 아프면 빨리 일어나요. 빨리 해요." 재촉하며 등을 올리면 못 이기는 척 자리에서 일어나신다.

"자, 선 뽑기. 우리 집 대장인 엄마부터 넘기고. 다음은 아버지, 그리고 나."

그렇게 떠들썩하게 시작한 화투 놀이는 아침 식사 후 시작해서 점심, 저녁을 먹고 밤 한두 시까지 이어진다. 아무것도 오고 가는 게 없으면 재미가 없으니 십 원짜리 동전이 오간다. 하루 종일 해도 3, 4천 원 정도다. 마지막엔 결국 본전으로 돌아오곤 한다. 결국 내가 "아이고 허리야, 엄마, 계속할 거예요?" 물으면 아버지는 "그래, 그만하자." 하시지만, 먼저 판을 놓는 법은 없다. 엄마는 끝까지 아무 대답이 없으시다. '딱 한 판만 더'가 두 판, 세 판이 되고 만다. 결국 "세 판만 더하고 끝내자."라고 선언하는 것도, 바람을 잡는 것도, 먼저 뻗는 것도 모두 나다.

엄마는 손에 든 패를 좀처럼 내놓지 않으신다. 아버지는 "너 이거 먹어라." 하시며 나에게 패를 건네기도 하지만, 엄마는 신경도 쓰지 않고 오로지 화투장만 보며 할 것만 하신다. 그러다 "아이쿠!" 하고 소리치며 즐거워하신다. 손에 든 패가 나오지 않아도 전혀 개의치 않고, 입은 굳게 다문 채 초지일관이다.

"아버지, 심심하시면 경로당에 가서 이렇게 화투도 치고 이야기도 나누시면 좋잖아요."

"싫다."

"왜 싫은데요?"

예전에 산판 가서 고스톱을 치고 있는데, 할아버지가 나타나 "이놈의 자식, 애미가 아픈데 고스톱이나 치고 있냐!"라며 따귀를 맞고 집에 왔다고 하셨다. 한 달 치 월급을 다 잃어 본전 생각이 나서 다시 찾아가 절반은 되찾아왔는데, 그 이후로는 두 번 다시 화투장을 잡지 않으셨다고 했다. 아버지 이야기에 나는 깔깔거렸다.

아버지와 나는 무슨 놀이든, 여행이든, 물놀이든 좋아한다. 엄마도 비슷하다. 엄마는 나중에 '너는 아버지랑 같이 살라'고 하셨는데 며칠 함께 지낸 적도 있었다. 지금은 아버지가 계시지 않으니, 그저 이런 소중한 추억이 있다는 것만으로도 만족해야 한다.

이제 친정에 가도 연로하신 엄마와 단둘이 고스톱을 칠 수 없어 예전 같은 재미를 느끼기 어렵다. 그저 차를 타고 나가 바람 쐬는 일밖에

할 수 있는 게 없다. '저 몸으로 진부 시장에 갔다 오셨다'며 엄마가 대단하다고 말하는 큰아들의 말이 마음을 울린다.

아버지가 딸네 집에 오셔서 컴퓨터로 화투를 배워보고 싶어 하셨다. 생전 처음 만져보는 마우스라 한 번 까딱하는 것도 어려워하셨다. "아버지, 그것도 못해! 한 번 눌러야죠!" 몇 번 까딱하시더니 "안 할란다." 자리에서 일어나셨다. 나도 처음엔 더블클릭이 어려웠는데.

아버지, 하늘나라에서 뭘 하고 계세요? 제가 없으니 화투 놀이는 안 하시겠죠. 어린아이들 타는 자동차라도 타고 계세요?

'운전하다 논바닥에 떨어져 운전을 그만뒀다'고 하시며 은근히 운전해 보고 싶어 하시던 아버지. 그것도 못하냐고 구박했던 제 말 잊고, 편히 쉬고 계세요. 운전도, 컴퓨터도 가르쳐 드릴게요. 그리고 아버지, 그곳에서도 화투 놀이도 하세요.

"아버지, 이거 있어? 똥광. 오광 해야지!" 아버지와의 추억이 웃음이 나기도 하고 마음 한편은 그립다.

선물과 족쇄

선물을 주고받는 일에는 깊은 선의가 담겨 있어야 하지만, 때로는 그 의도가 오히려 관계를 어렵게 만들기도 한다. 선물을 주는 사람의 사려 깊지 못한 행동이나, 또 받는 사람의 과도한 의무감으로 인해 '잘못된 선물'이 되는 경우를 종종 본다. 무엇을 하든지 간에 결국 중요한 것은 사람의 관계와 성품인데, 선물이 이 관계를 해치는 아이러니가 발생했다.

처음 선물을 받았을 때는 물론 기뻤다. 하지만 두 번, 세 번 연거푸 받게 되자 기분이 상했다. 그것은 선물이 아니라 사치와 관계의 남용처럼 보였다. 서로에게 낭비로 느껴지기 시작했다. 선물의 의미가 퇴색되니 모든 것이 천박하게 느껴지기까지 했다. 처음의 좋은 감정은 이내 사라지고, 그 자리에 '고마운 마음에 당연히 답례해야 한다'는 강박관념이 뒤따랐다. 그 선물은 더 이상 기쁨이 아닌 무거운 짐과 의무감만이 남았다.

선물은 상대의 연령, 취향, 상황, 감정, 필요를 같이 고려해야 한다고 생각한다. 상대를 헤아리지 못한 배려는 참 난감하다. 버리기도 어렵고, 쓸 수도 없고, 다른 사람에게 주기조차 난감한 물건을 받을 때의 난처함이란! 그래도 혹시나 쓰실까 싶어 드린 물건에 상대가 반가워하지 않을 때, 그 민망함 또한 컸다.

때로는 조건부 같은 선물을 통해 정을 구걸하는 꼴이 되거나, 혹은 정에 이끌려 싫어도 불편을 겪어야 하는 상황까지 벌어지기도 했다. 내가 좋아서 베푼 것이라면 대가를 기대하지 않는 것이 마땅하다. 하지만 은혜로 시작했던 베풂이 변질되어, 곧 남의 자유를 속박하는 올무가 되고 말았다. 주는 사람은 순수한 마음일지라도, 받은 사람은 때로 벗어날 수 없는 족쇄가 되기도 했다. 감사의 마음이 너무 커서 본의 아니게 부당한 언행을 참아야 하는 일까지 생긴다면, 그 선물의 의미는 해가 될 뿐이다.

진정한 선물의 가치는 '부담 없음'에서 나왔다. 지나친 사랑을 요구하지 않고, 관계를 담보 잡지도 않았다. 주고 나면 그것으로 깨끗이 끝나야 하고, 그 의미가 변질되어서는 안 된다고 생각한다.

언젠가 내게 좋아하는 색깔인 핑크색 옷을 선물해 준 지인이 있었다. 그분은 나의 취향을 정확히 맞추었을 뿐 아니라, 그 선물이 내게 어떤 불편함이나 압박감 같은 부담을 주지 않았다. 그건 배려해 준 덕분이었다. 나중에 옷이 작아져 입지 못하게 되었지만, 그 옷을 볼 때마다 고마움과 소중함이 느껴져 간직하게 되었다. '책임감'으로 답례해야 한다는 부담이 전혀 없었고, 그저 편안한 진실이 있었다. 칠 년이 지난 후, 우연히 그 지인을 다시 만났을 때 나는 주저 없이 그때의 고마움을 다시 전했다. 그분은 "줄 때도 있고 받을 때도 있지. 편하게 생각해."라며 가벼이 넘겼다. 지인은 단 한마디도 지금껏 그 선물을 빌미로 관계를 묶어두지 않았다. 구속이나 부탁이나, 혹은 어떤 부담과도 거리가 멀었다. 그것은 진정으로 순수한 선물이었기에, 오직 귀함과 감사와 관계의 온전한 자유만이 남아있다.

선물은 오직 순수함을 바탕으로 자유롭게 주고받을 때 행복하다. 마구잡이식의, 의미 없는 선물은 결국 쓰레기통으로 던져지는 안타까운 결과를 낳을 뿐이었다. 상대방의 신분이나 문화적 차이를 고려하지 못한 선물은 오히려 욕이 되어 돌아오기도 했다. 싫다고 분명히 표현했음에도 막무가내로 사 오는 선물은 거절하기 어려워 받긴 했지만, 그 자체가 불쾌함과 화를 불러왔다.

선물을 주고받는 관계에서 마음 편히 처신하기란 참 어렵다. 선물의 진정한 의미가 부담, 상처, 혹은 마음의 빚이 된다면, 그것은 더 이상 선물이 아니다. 주고받는 사람 모두에게 구속감을 준 것뿐이다.

시행착오를 겪으며 깨달았다. 선물이 나와 너의 자유와 행복을 지키지 못하고 구속한다면, 그것은 위험한 선물이라고. 진정한 선물이란, 준 것은 잊고 받은 이는 감사하되, 서로의 관계와 온전히 자유를 지켜주는 지혜가 담긴 것이어야 한다고 생각된다. 순수한 마음에서 비롯된 것이라면, 관계는 결코 구속되지 않아야 한다. 순수함의 선물로 소중한 존중과 편안한 기억으로 남는다면, 그보다 더 큰 행복한 선물이 어디 있을까.

질러가기

쉽게 피로를 느끼는 나는 운동 겸 걸어가면서 습관처럼 지름길을 택했다. '길이 뚫렸겠지' 하고 가보면 어김없이 막혀 있었다. '설마가 사람 잡는다'는 말을 우습게 여기고 같은 길을 여러 번 갔다가 되돌아오기를 반복했다. 어떤 날은 쳐 놓은 줄 밑으로 아슬아슬하게 빠져나가기도 했다.

이번에는 길이 열려 있었다. 길가에 무성하게 자란 풀들이 나를 기억하는 듯, "그 잠깐을 못 참아서 번번이 왔다 갔다 했냐."라고 비웃는 것 같았다. 풀들 보기 미안해졌다.

집 앞에서 백 미터쯤 걸으면 세 갈래 길이 나온다. 한두 번 다닌 길도 아닌데, 나는 습관처럼 지름길을 선택한다. 무슨 일로 어디를 가든, 당연히 해야 할 일처럼 질러간다. 처음에는 빨리 가려고 했지만, 어느새 좀 덜 걷고 힘을 아끼려는 마음이 더 커졌다. '걷기 운동'이라는 말이 무색하게, 마치 안 하면 좀이 쑤시듯 상습범처럼 행동했다. 피곤을 덜어보려던 일인데, 그러다 번번이 실패하고 말았다.

본래의 걷기 운동 목적에 어긋난 줄 알면서도 이미 습관이 되어버린 탓에 멈추지 못했다. 중학 시절 체육 선생님께서 “질러가다 똥 싼다.”라며 절대 질러가지 말라고 하셨는데, 그게 내 이야기가 될 줄은 미처 몰랐다. 짐작으로 지름길을 택했다가 되돌아 나오길 수차례. “나는 왜 이러냐.”라고 울기까지 했다.

어떤 친구는 큰길로 집에 가야 하는데도, 동생과 개구리를 잡아 들고 외나무다리로 질러가다가 동생이 미끄러져 책보를 멘 채 물에 떠내려갔다는 끔찍한 이야기도 들려주었다.

걷기 운동을 하든 일을 보러 가든, 나는 종종 본질을 잊곤 한다. 지름길을 택하면 시간 절약하고 피곤도 덜 것 같지만, 따지고 보면 그게 아니었다. 항상 뒤늦은 후회를 하지만, 마음의 습관은 몸을 계속 그렇게 이끌었다.

어느 날은 약속 시간이 늦어 구두를 신고 뛰어가다가, 더 빨리 가려고 자동차 길로 뛰어들었다. 시간에 쫓겨 뛰는 꼴이 부끄러웠고, 사람들의 시선도 의식되었다. ‘차가 별로 다니지 않는다’고 스스로를 속이며 뛰었지만, 위험을 못 느낀다면 사람이 아닐 게다. 결국 발목을 삐끗했다. 모든 일에는 순서와 격이 있고 품위를 지켜야 하는데 말이다. 득을 보는 것 같았지만, 실제로는 손실이 더 컸다. 즐겁게 걸어야 하는데 강제 노역한 듯 몸도 마음도 피로가 더했다. 지름길을 택하지 않으면 손해라도 볼 것처럼, 이 길이 짧을까 저 길이 짧을까 늘 갈등했다.

한번 맛 들인 '불량한 맛!' 운동 삼아 걷겠다는 처음 동기부여는 퇴색되고, 피곤이 밀려오면 본능적으로 지름길을 택했다. 이 버릇을 고치려고 마음을 먹으니 가슴이 터질 것 같은 느낌을 받았다. "아, 나쁜 습관이란 참 좀벌레 같구나!" 그만큼 몸에 익숙하게 배어있다는 뜻이었다. 공사 중 출입 금지 푯말이 없으니 혹시 작은 틈이라도 있을까 잔꾀를 부리며 질러간다. 아는 길도 질러가다 망했는데, 여전히 지름길을 좋아했다. 정말 빨리 갔느냐고 내게 되물어봤다. 아… 대답은 가슴 치는 일이었다.

똑같은 상황에서 반복하는 나 자신을 보고 자괴감에 화가 났다. 바로 이것이 자극제였다. '바른길 걸어가자'라고 스스로에게 제안하고 실행에 옮기기로 했다.

오늘도 걸었다. 여전히 가자미눈처럼 옆으로 눈이 가고 길이를 재려고 했지만, 다시 눈을 돌려 내 앞을 보고 걸었다.

옛날이나 지금이나 돌아가기보다는 질러가기를 추구하는 세상일지도 모른다. 그렇더라도 정해진 길을 인정하고 정직한 마음으로 걷자. 정직한 수고를 하는 일이 중요하지 않을까. 활력 넘치는 생활을 위해 매일 자신과의 약속을 지키기로 한다. 마음속의 선한 양심이 고동친다.

바른 마음의 근육을 키우자. 작은 부끄러움이 쌓여 커다란 눈덩이가 되지 않도록 조심하자. 책임감 있는 사람은 쉬운 선택을 하지 않는다고 했다. 늘 올바른 선택으로 내 자신에게 신뢰를 주자.

다시 바르게 수고하자고 외치면서, 질러가는 짓 하지 말고 올바르게 걷자!

'왕염주'의 분노

우회전 진입을 막 했고 깜빡이를 켜고 살짝 좌측 차선에 발을 들일까 하는데, 날카로운 경적 소리에 화들짝 멈췄다. 잠시 후 검은색 벤이 나타났다. 빨리 지나가 주기를 내심 기다리는데, 차는 내 옆에 딱 붙어 속도를 맞추며 늘보처럼 간다. 나는 반드시 좌측 차선으로 들어가야만 했다. 왜냐하면 우회전 차량을 위한 길은 더 이상 이어지지 않았기 때문이다. 그래서 아무리 올려다봐도 운전자는커녕 실루엣조차 보이지 않았다. 그런데 룸미러 부근에 걸린 커다란 '왕염주'가 시야에 들어왔다.

"아니, 도대체 왜 이러는 거야?" 나 혼자 입을 달싹였다. 나로서는 가는 길을 방해했나 싶어 미안한 마음에 "죄송해요…."라고 중얼거렸다. 운전자가 놀랐으리라는 것을 이해했다. 운전하다 보면 누구나 겪는 일 아닌가 싶다. 하지만 나는 우회전으로 진입만 했을 뿐, 아직 왼쪽 차선으로 훅 끼어들지도 않았다. 게다가 경적 소리에 바로 멈추지 않았나, 도대체 뭘 따지려는 걸까? 내 차를 보고 지레 놀랐거나, 자신의 속도에 방해가 되어 불쾌했다는 뜻인 듯했다. 나는 사람이 보이든 말든 창문을 향해 미안하다고 했는데도 그는 가지 않고 계속 내 운전석 옆에 붙어있었다. 뒤따르는 차들에게까지 피해를 주면서 나에게만 시비를 거는 모양새라니. 솔직히 바로 뒤도 옆도 아니었다. 로터리 신호등을 받고 출발하는 것을 분명히 봤기에 그리 위험하지도 않았는데, 왜 저렇게 끈질기게 구는 걸까? 슬그머니 나도 부아가 치밀어 오르기 시작했다. 이제 앞에는 길도 없어 꼼짝없이 갇힌 꼴이 되었다.

나는 운전자를 보려고 애썼다. 남자의 모습 같았다. 머릿속으로 시뮬레이션을 시작했다. '저런 싸가지에게는 빈정거림이 약이지. 내려서 아주 공손하게 말해볼까? 아이고, 죽을죄를 졌네요. 좀 살려주세요. 안 그러면 인도로 올라가야겠어요. 아저씨 때문에 더 큰 사고가 나서 왕염주가 울면 어쩌죠?' 아니면 아예 공격적으로 나갈까? '당신 차는 쓰레기 똥차군요. 운전할 자격이 없는 것 같네요. 도로 위에서 도 닦듯 운전 아주 잘하세요? 계속 시비 걸 거면 당신이 내리실래요?'

나도 내려서 따지고 싶었지만, 차가 바짝 붙어있는 통에 내릴 수도 없었다. 뒤따르던 차들까지 모두 서게 되었다. 나를 코너로 몰아넣고 대체 어쩌자는 건지…. 나는 보이지도 않는 운전석을 향해 노려보기 시작했다. "참자 참자 참자!"를 되뇌며 말이다. 상대방이 양보하기 싫은데 화나게 했거나, 달려오는 속도를 줄이게 했거나, 혹은 부딪칠 뻔하게 만들었든가. 운전자들이 가끔 겪는 일이지만, 그 차는 불만을 강력하게 표현하고 있었다.

그러다 마침내 옆 차는 차선을 바꾸고서야 앞으로 가기 시작했다.

그런데 아차, 따라가서 이유라도 물었어야 했는데. 차선을 바꾸고 쫓아가려던 순간, 내 머릿속에서 "그게 바로 너란다."라는 목소리가 들렸다. 이런! 내가 '왕염주 아저씨'와 똑같은 사람이었다는 것을 깨닫게 되었다.

어느 날, 갑자기 끼어든 차 때문에 놀라 받기는 싫었고 옆으로 급하게 피했다. 간신히 피하고 보니 차가 없어서 망정이지, 정말 위험할 뻔했다. 나는 화가 나서 옆을 보고 경적을 길게 울렸다. 그런데 이 여자는 창문을 내리더니 "그래. 뭐가 어쨌다는 거야!"라고 반말로 소리를 질러댔다. "와, 대단하네." 나도 끝까지 따라가서 한바탕 싸움이라도 벌여줄까 했지만, 이내 멈췄다. 집으로 가는 진입로가 바로 나타났다. "에이, 잘 가라."

결국, 도로에서 벌어지는 일은 남을 향해 손가락질을 하면 어김없이 나 자신을 향해 날아오는 부메랑이었다. 그래, 잘 참았다. 도로 위에서 사고도 아닌 일로 서로 쪽팔림만 당하고 똑같은 사람이 되고 다른 운전자들의 눈살을 찌푸리게 할 필요는 없지 않겠나. 그래, 내가 잘했다. 잘했어. 스스로 칭찬하며 속을 풀었다.

나이가 들어서일까. 뒤돌아서면 잊는 느긋함도 생겼고, 이젠 운전에도 품격이 있어야 한다는 생각이 든다. 값싼 알량한 분노에 사로잡혀 도로 위의 쓰레기차가 되지 말아야지. 더 나아가 상대방을 배려하는 마음으로 비상등을 켜 고마움이나 미안함을 표현하는 것을 잊지 말자.

거울에 비친 별

“노란불인데 왜 차가 가? 저런 사람은 잡아다가 패야 해! 패야 해!”

10년 전, 다섯 살 난 조카가 아파트 입구 신호등을 보고 던진 말이었다. 그 한마디에 나는 너무나도 깜짝 놀랐다. 가슴이 철렁, 검은 서릿발이 피며 몸이 쪼그라들었다. “아, 저 그게 아니고. 저 신호등은 조심해서 천천히 가도 됩니다. 그런 신호등이야. 조심해서 천천히 가세요. 그래서 깜박깜박하는 점등이라는 신호등이야.”라고 애써 설명해 주었다. 하지만 이미 아이의 뇌리에 박힌 그 날카로운 말 한마디의 근원을 생각하자, 나는 둔기에 가슴을 세게 맞은 듯한 충격을 떨칠 수 없었다.

아이는 정말 스펀지 같았다.

어린 조카는 침대에 누워 1인 2역을 하며 쫑알거렸다. 마침 밖에서 ‘애앵애앵’ 소리가 들리자 “고모, 저게 무슨 소리야?” 하고 물었다. “어, 앰뷸런스 소리야. 아픈 사람 타고 있어요. 길 좀 비켜주세요. 길 좀 비켜주세요!"라고 말해주었다. 그런데 어린 조카는 토씨 하나 틀리지 않고 그대로 따라 되뇌었다. "응, 앰뷸런스? 아픈 사람 타고 있어요. 길 좀 비켜주세요. 빨리 병원 가야 돼요. 길 좀 비켜주세요."

가르쳐주지 않아도, 본 적도 없는데 아이들은 부모나 주변 사람의 모습을 그대로 행동하고 따라 하는 경우를 더러 본다. 충격적인 '패야 해'라는 말이 정녕 우리 가족의 어느 거울에 비친 모습일까. 헤아려 보게 되었다. '부모는 자식의 최고의 스승이다'라는 말을 유념하지 않을 수 없었다.

어릴 적 나를 떠올려 보았다. "엄마, 나는 왜 이렇게 손이 못생기고 손마디가 굵어요?" 바가지를 들고 엄마 따라 도랑물 길러 다녔다고 했다. 시키지 않아도 빗자루질도 하고 양말도 조물락조물락거리며 빨았다고 했다. 자라면서 빨래는 혼자 시간을 보내는 나만의 유일한 놀이가 되었다.

그래서 엄마가 찾는 것이 금방 보이지 않으면 엄마한테 원망은 내가 다 들었다. 나 역시 누군가의 언행이라는 거울을 보고 자란 결과물이었다. 내 가족뿐만이 아니라 누구에게나 본이 될 수 있을까. 내가 여기저기 뿌려 놓은 말들, 행동들. 그 씨들이 지금 어떤 싹을 틔우고 어떤 열매를 맺고 있을까?

"말을 바꾸면 인생이 바뀐다."라는 말이 그저 구호가 아니었다. 말투를 바꾸려 노력할 때마다 마음이 새로워지는 느낌은 자존감을 불러일

으키기에 충분했다. 어느 버스 기사님의 부드러운 말투가 좋아서 나도 따라 해보았지만, 관성의 법칙에 의해서 쉽지 않았다. 지역 문화의 억양이나 오래된 습관, 심지어 말꼬리를 올렸다 내렸다 늘리는 작은 일까지 바꾸기가 얼마나 어려운지 실감했다. 굳어진 언어 습관을 바꾸는 이 도전이야말로 나의 삶을 바꾸는 가장 진지한 출발점임을 알겠다. 내 언행이 누군가에게는 좋은 거울이 될 수도 있고, 아닐 수도 있겠다는 생각에 가슴이 뛴다. 어린아이 때문에 긴장했던 그 기억을 떠올릴 때면 인생을, 정말 진지하게 살아야 하는 거 아닌가 하는 생각을 하게 되었다.

인생 뭐 별거 있냐는 말에 공감할 수도 있겠지만, 나는 기어이 참으로 예쁜 삶을 가꾸고 싶다. 정다운 말, 슬기롭고 고운 말을 하려고 단단히 결심해도 번번이 실패하지만, 이 어려운 도전에 다시 한번 도전해 본다. 지난날 윤동주 시인의 시를 떠올리며, 하늘을 우러러 한 점 부끄럼 없이 살기를, 잎새에 이는 바람에도 괴로워했던 그 마음으로 살고 싶다.

시간은 흘러 그 어린 조카는 이제 공부도 잘하는 의젓한 대학생이 되었다. 이제 더 넓고 복잡한 세상의 거울을 보고 있겠지 싶다. 나는 조카의 맑게 빛나는 모습 속에서, 어쩌면 나의 간절한 소망이 작게나마 거울에 비쳤던 별이 아니었을까 조심스레 생각한다.

내 삶의 언행이 누군가에게 아름다운 빛으로 비추는 거울이 되기를 오늘도 간절히 소망한다.

어린 조카가 한 말에 가슴이 두근거린다.